MANUEL PRATIQUE

DE

POLISSAGE

ET DE

DÉPOTS GALVANIQUES

NICKELAGE, CUIVRAGE, LAITONISAGE, DORURE, ARGENTURE, ETC.

OXYDAGE ET VERNISSAGE

PAR

Jean LOUBAT O. I.

Ancien élève de l'École nationale d'Arts et Métiers d'Aix
Membre de la Société des Anciens Élèves des Écoles nationales d'Arts et Métiers
de la Société des Ingénieurs civils,
et de la Société d'encouragement pour l'Industrie nationale

ET

Louis WEIL

des Établissements S. Grauer et C
GRAUER & WEIL, Succ*

5ᵉ Édition — REVUE ET AUGMENTÉE

PARIS

J. LOUBAT, LIBRAIRE-ÉDITEUR

15, BOULEVARD SAINT-MARTIN, 15

1920

MANUEL PRATIQUE

DE

POLISSAGE

ET DE

DEPOTS GALVANIQUES

MANUEL PRATIQUE

DE

POLISSAGE

ET DE

DÉPOTS GALVANIQUES

NICKELAGE, CUIVRAGE, LAITONISAGE, DORURE, ARGENTURE, ETC.

OXYDAGE ET VERNISSAGE

PAR

JEAN LOUBAT ⚜

Ancien élève de l'École nationale d'Arts et Métiers d'Aix
Membre de la Société des Anciens Élèves des Écoles nationales d'Arts et Métiers,
de la Société des Ingénieurs civils,
et de la Société d'encouragement pour l'Industrie nationale

ET

Louis WEIL

des Établissements S. Grauer et Cⁱᵉ

4ᵉ *Édition* — REVUE ET AUGMENTÉE

PARIS

I. LOUBAT ET Cⁱᵉ, LIBRAIRES-ÉDITEURS

15, BOULEVARD SAINT-MARTIN, 15

1920

AVANT-PROPOS
DE LA PREMIÈRE ÉDITION

Cédant aux sollicitations d'un grand nombre de personnes, nous nous sommes décidés à publier le *Manuel pratique de polissage et de nickelage* que nous offrons aujourd'hui au public.

Ce Manuel, destiné spécialement à tous ceux qui, directement ou indirectement, s'occupent de nickelage et de polissage, comble une véritable lacune et est appelé, croyons-nous, à rendre de grands services.

Il ne manque pas d'ouvrages sur la galvanoplastie; mais, dans ces ouvrages, le *polissage* a été passé sous silence, et le *nickelage* n'y est traité que très superficiellement et d'une façon qui n'est pas en rapport avec l'importance considérable qu'il a prise dans ces dernières années.

La partie théorique de notre Manuel a été puisée et contrôlée aux meilleures sources; quant à la partie pratique, elle a été traitée avec le plus grand soin et la plus grande exactitude, grâce aux avis éclairés et aux renseignements utiles qu'ont bien voulu nous fournir MM. A. Lendormy et certains polisseurs et nickeleurs ; qu'ils reçoivent ici le tribut de notre reconnaissance.

Pour complaire au désir que nous ont manifesté plusieurs fabricants de cycles, nous avons cru bien faire en consacrant un chapitre de notre ouvrage à *l'émaillage* des pièces de vélocipèdes.

En suivant les conseils et les indications contenus dans notre Manuel, les débutants s'épargneront certainement bien des tâtonnements et bien des déboires. Si cependant ces conseils et ces indications ne leur suffisaient pas, qu'ils sachent bien que nous nous ferons un devoir de répondre à toutes leurs demandes de renseignements.

Jean Loubat.

Louis Weil.

AVANT-PROPOS
DE LA DEUXIÈME ÉDITION

Depuis quelque temps déjà la 1re édition de notre Manuel était épuisée ; l'accueil si favorable qu'elle avait reçu et, d'autre part, les demandes nombreuses qui nous parvenaient quotidiennement, nous ont décidés à entreprendre la publication d'une édition nouvelle.

Tout en conservant le plan général de notre œuvre primitive, nous avons tenu compte des desiderata que nous avions maintes fois entendu exprimer, et nous avons augmenté sensiblement notre travail, surtout dans la 2me partie, que nous présentons maintenant sous le titre général de *Dépôts Galvaniques.*

Cette partie comprend le nickelage revu et corrigé et, comme éléments nouveaux : la dorure, l'argenture, la coloration des métaux, etc.

Nous espérons que cette nouvelle édition de notre Manuel sera bien accueillie : le succès de la première nous en est d'ailleurs un **sûr** garant.

J. L. — L. W.

Juin 1904.

AVANT-PROPOS
DE LA TROISIÈME ÉDITION

Le Succès du *Manuel de Polissage* en fait désormais un livre classique et le consacre comme le meilleur guide adopté par tous ceux qui s'occupent de Polissage et de Galvanoplastie.

Soucieux de lui conserver ce caractère pratique et éminemment utile, nous avons, tout en conservant un plan que l'expérience a consacré, introduit dans cette 3e édition des détails précis sur les progrès les plus récents, notamment dans le nickelage.

Nous avons l'assurance que notre Manuel, ainsi complété, continuera à rendre aux praticiens les plus précieux services.

J. L. — L. W.

Octobre 1910.

AVANT-PROPOS
DE LA QUATRIÈME ÉDITION

Encouragés par le bon accueil qu'ont bien voulu réserver aux précédentes éditions de notre *Manuel pratique de Polissage et de Dépôts Galvaniques* les industriels et professionnels spécialistes, qu'intéressent les différentes questions traitées dans cet ouvrage, nous avons le plaisir d'en publier une 4e édition revue et augmentée.

Conservant le dispositif adopté dans les précédents tirages, dispositif qui nous a valu l'approbation de tous, et qui fait de notre manuel un exposé clair et pratique de toutes les opérations utiles à la parfaite exécution de tous les travaux se rattachant au polissage et aux dépôts galvaniques, nous nous sommes attachés dans cette nouvelle édition à bien mettre en lumière les avantages présentés par les procédés les plus récents, tout en signalant les inconvénients que présentent certains d'entre eux.

Nous avons enfin donné plus de développement aux chapitres concernant la dorure, l'argenture et la galvanoplastie proprement dités, lesquelles présentent un réel intérêt et n'avaient pas été traitées avec assez d'étendue dans nos éditions antérieures.

Nous avons donc la conviction de présenter ainsi à nos lecteurs un ouvrage absolument complet dont la lecture constituera pour eux une précieuse documentation

J. L. — L. W.

Janvier 1917.

POLISSAGE

HISTORIQUE

L'art de polir les substances dures, c'est-à-dire de les rendre unies et brillantes, remonte à la plus haute antiquité.

Dans les temps préhistoriques, nos ancêtres de l'âge de pierre polissaient les haches, les flèches et les outils grossiers dont ils se servaient.

L'outillage était rudimentaire, on peut même dire qu'il n'existait pas. Pour obtenir le poli des armes et des outils de pierre, il fallait les frotter longtemps contre d'autres pierres dures, afin d'enlever les aspérités et de donner à l'objet la forme voulue. Aussi ce travail ne produisait-il qu'un poli imparfait.

La surface des objets devenait à peu près unie, mais elle n'avait pas de brillant.

Plus tard, quand on découvrit le bronze,

le fer et les autres métaux, on chercha le moyen de les polir pour en rehausser l'éclat. D'après Homère, les armes offensives et défensives des Grecs et des Troyens étaient remarquables par leur poli brillant.

Pendant longtemps, le polissage des métaux ne s'exerça que sur les armures et les objets d'orfèvrerie ; les armuriers et les orfèvres exécutaient eux-mêmes ce travail ; cependant, parmi les armuriers, il existait certains ouvriers chargés spécialement de polir les armes ; on les appelait fourbisseurs.

De nos jours l'extension rapide prise par l'emploi des métaux dans la construction, dans l'ameublement, dans l'ornementation, etc., a nécessité la création d'ouvriers spéciaux s'occupant uniquement du polissage des métaux.

On polit encore d'autres substances dures, telles que l'os, la corne, l'ivoire, l'écaille, le celluloïd, le jais, la nacre, l'ébonite, le verre, la porcelaine, sans compter les pierres précieuses, le marbre, le bois, etc.

Nous ne nous occuperons dans ce manuel que du polissage des métaux, polissage qui est d'un usage beaucoup plus général, et spécialement du polissage du fer, de l'acier, de la fonte, du cuivre, du nickel et du zinc.

Nous décrirons, d'une façon aussi complète et détaillée que possible, l'outillage et les produits nécessaires, ainsi que les procédés les plus simples et les plus pratiques employés par les polisseurs pour obtenir un travail irréprochable.

OUTILLAGE

MACHINES A MEULER. — TOURS
ET TOURETS A POLIR. — MACHINE AUTOMATIQUE
A POLIR

Machines à meuler.

1° Machines à meuler ordinaires. — Ces machines, employées pour l'ébarbage ou le dégrossissage des pièces brutes, se composent d'une ou de deux meules en émeri (fig. 1 et 2), montées sur un arbre en fer ou en acier, tournant dans les coussinets d'un bâti en fonte en forme d'**U**.

Ces bâtis portent une ou deux ailes sur lesquelles on fixe un support permettant d'appuyer la pièce à ébarber. Dans le premier cas, lorsque la machine n'a qu'une meule (fig. 1), les poulies, folle et fixe, sont placées à l'extrémité opposée de l'arbre portant la meule d'émeri ; dans le deuxième cas, lorsque la machine a deux meules (fig. 2), ces poulies sont placées entre les deux montants du bâti. La meule d'émeri est placée entre deux rondelles, dont

Fig. 1.

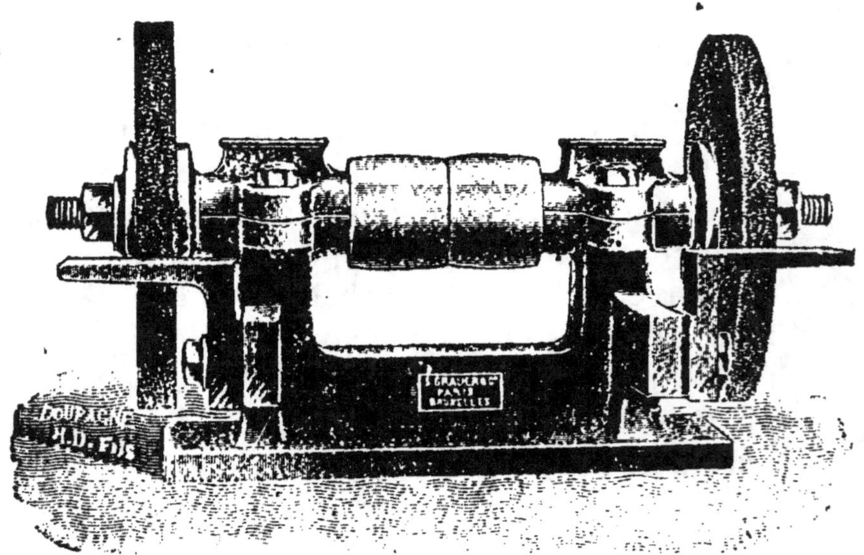

Fig. 2.

l'une est enfoncée sur l'arbre à frottement

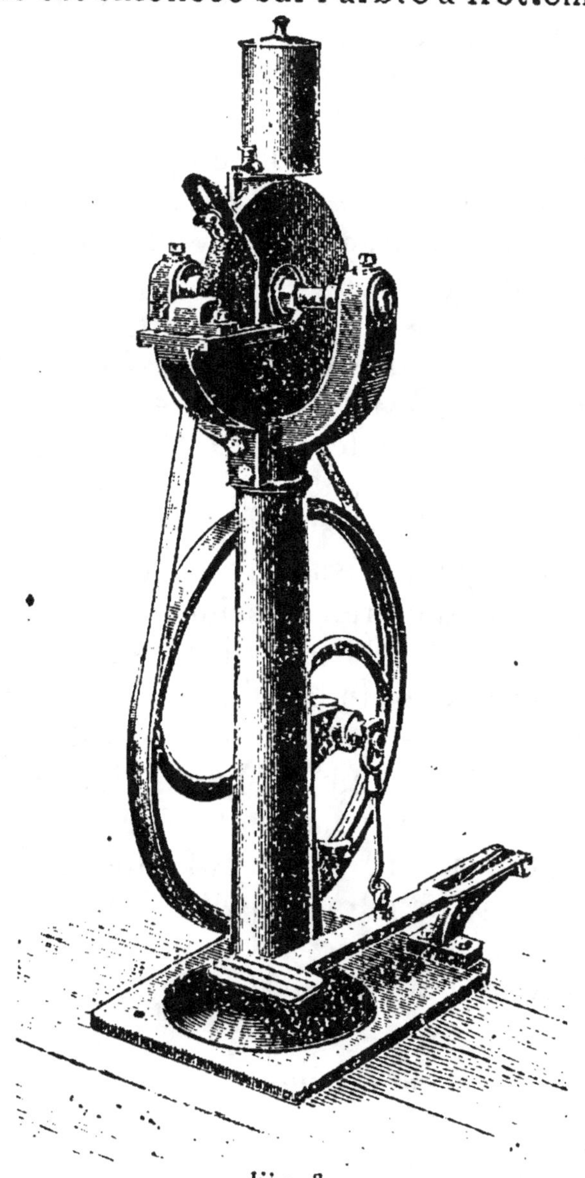

Fig. 3.

dur. Un écrou presse cette meule entre les

deux rondelles et permet à celle-ci de prendre le mouvement de rotation de l'arbre.

La vitesse varie suivant le diamètre des meules.

Les meules que l'on emploie pour ces machines sont en émeri pur, en carborundum, en électrit, en corindon ou en composition de silex et d'émeri.

2° Machine à meuler avec coussinets à billes et marchant au pied. — Cette machine (fig. 3) est destinée à ébarber, à polir ou à affûter, suivant le genre de meule que l'on y monte. Construite pour marcher au pied elle peut aussi être mise en mouvement par une transmission. La meule fait de 1.500 à 2.500 tours à la minute. Pour obtenir cette grande vitesse, l'arbre sur lequel elle est montée tourne sur des coussinets à billes, complètement à l'abri de la poussière. Ces coussinets permettent de faire tourner la meule si facilement qu'il ne faut qu'un effort à peine sensible pour mettre la machine en mouvement et la maintenir à la vitesse voulue.

Tours et tourets à polir.

1° Tour à polir au pied. — Dans les ateliers où, pour une raison ou pour une autre, il n'existe pas de force motrice, on, est obligé de polir sur un tour marchant au

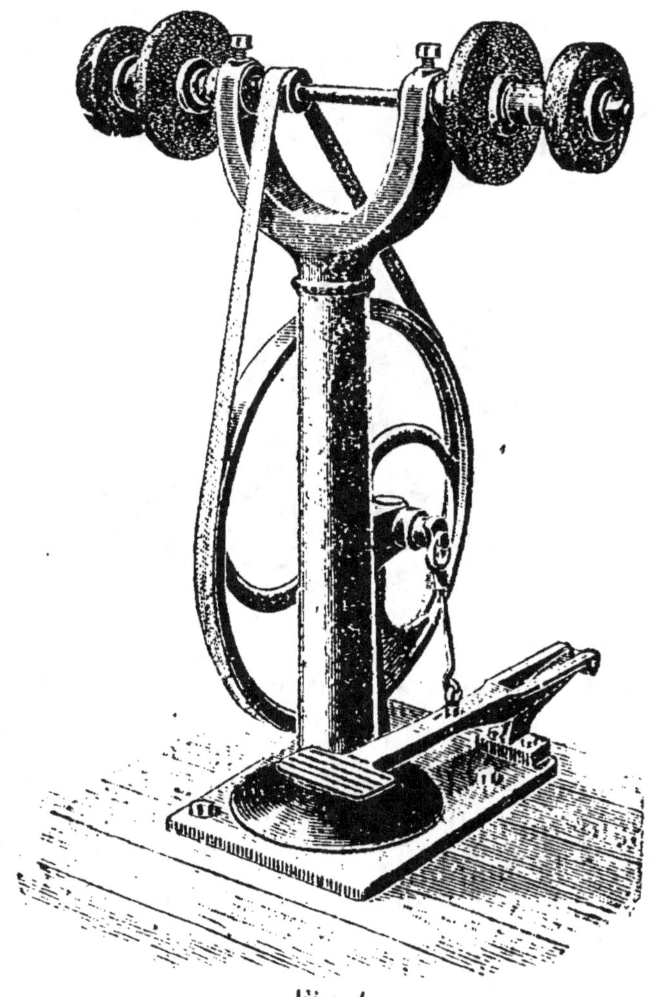

Fig. 4.

pied. Le tour représenté (fig. 4) est d'une construction solide et élégante à la fois. Construit avec coussinet à billes comme la machine à meuler (fig. 3), il peut également être actionné par une force motrice quelconque. Sur ce tour on peut monter de petites meules, brosses ou tampons. Avec une vitesse de 1.500 à 1.800 tours, on obtient un excellent polissage, principalement sur les pièces de petites dimensions.

2º Tours à polir à pointes avec montants

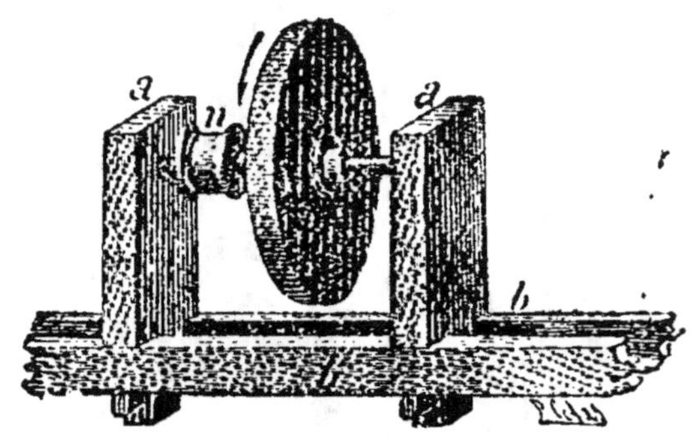

Fig. 5.

mobiles en bois. — Ce genre de tour, le plus ancien et le plus rustique (fig. 5), se compose de deux longrines en bois b, b, placées parallèlement l'une à l'autre et à une hauteur convenable permettant de former banc d'appui. Deux montants ou poupées en bois de hêtre a, a (fig. 5 et 6), glissent entre ces deux longrines et sont fixés à volonté, comme l'indique la figure 5, à l'aide de clavettes c (fig. 6) ; c'est entre ces deux poupées a, a, que l'on place l'arbre de la meule représenté figure 7. Cet arbre porte une embase c, une partie filetée cf, une rondelle r et un écrou e.

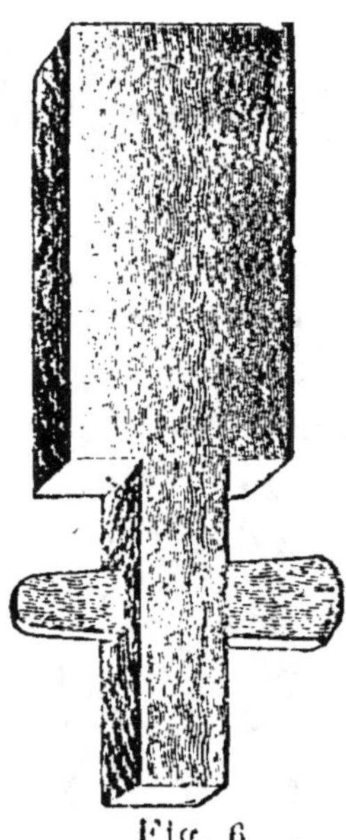

Fig. 6

C'est entre l'embase c et la rondelle r qu'est serrée la meule. La noix, ou poulie

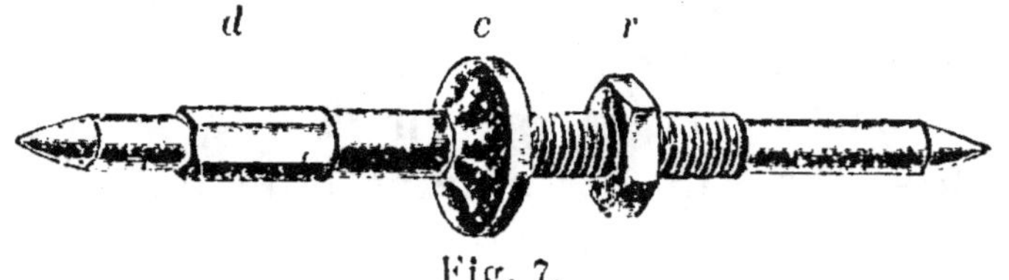

Fig. 7.

en bois (fig. 8), qui reçoit le mouvement par l'intermédiaire d'une courroie, est enfoncée sur une partie carrée ou hexagonale d de l'arbre ; cette partie est laissée simplement rugueuse lorsque la force à transmettre pour le fonctionnement de la meule est un peu élevée.

On a également employé avec avantage,

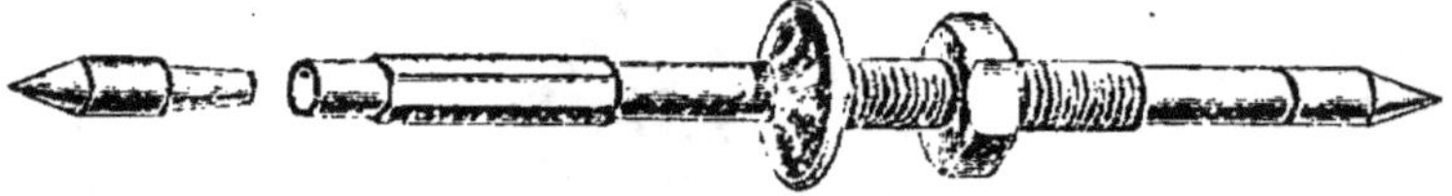

Fig. 7 *bis.*

en ces derniers temps, des arbres à pointes interchangeables (fig. 7 *bis*).

On peut monter sur ce tour des meules en émeri, des meules en bois bufflées, des meules en feutre dur dit feutre américain.

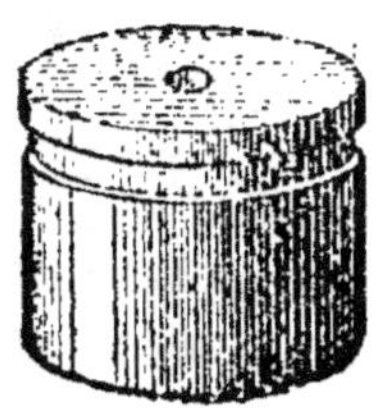

Fig. 8.

3° **Tours à polir à pointes avec montants mobiles en fontes.** — Souvent, au lieu de poupées en bois, on emploie aussi des poupées en fonte, munies d'un œil pour recevoir l'arbre de la meule ; ces poupées sont serrées sur les longrines avec des écrous à oreilles ou autres.

D'autres fois, ainsi que celle représentée la à figure 9, elles possèdent une large base

quadrangulaire permettant de les fixer sur
une table. Une variante de ces dernières
(fig. 9 *bis*), dite col de cygne, est recourbée
en avant, ce qui dégage davantage la
meule et facilite le travail.

4° **Tours à pointes avec montants en fonte
fixes.** — Actuellement, il y a une tendance

Fig. 9.   Fig. 9 *bis*.

à remplacer les tours à pointes à montants
mobiles en bois ou en fonte, dont nous venons de parler, par des tours à montants
fixes, tels que celui représenté par la figure 10. La figure étant très explicite, nous
nous dispenserons de toute description
qui paraîtrait superflue.

5° **Tours à polir dits tours américains.** —
Dans ces tours (fig. 11), l'arbre tourne dans

des coussinets à rotule et à bague, fixés
sur un bàti muni d'une semelle.

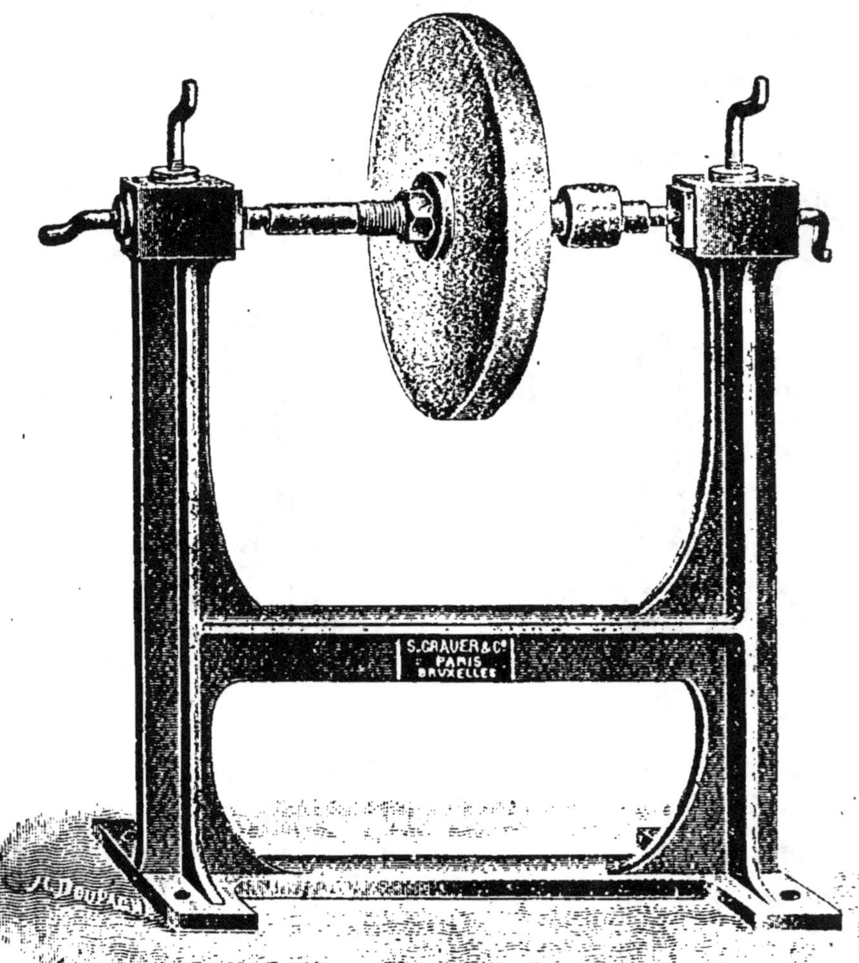

Fig. 10.

On fixe ce bàti, soit sur un socle en fonte
(fig. 11 *bis*) soit sur un établi, à l'aide de
2 ou 4 boulons.

L'arbre est fileté à ses deux extrémités

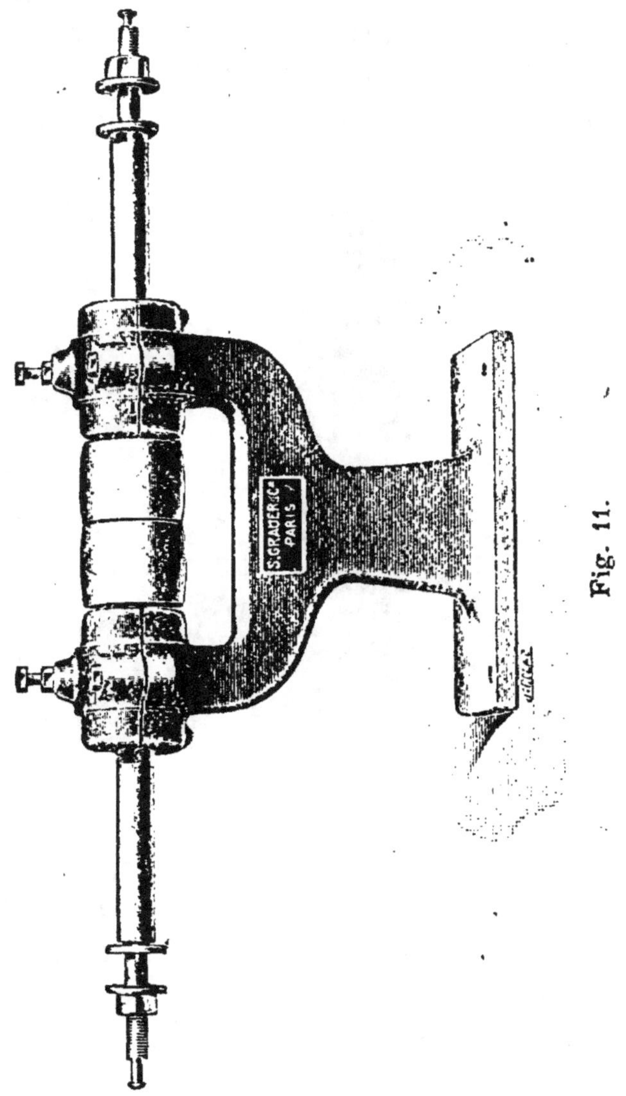

Fig. 11.

et peut recevoir des brosses ou des tampons, que l'on assujettit au moyen de ron-

delles et d'écrous. Entre les deux montants
du bâti se trouvent une poulie fixe et une
poulie folle. A chaque extrémité de l'arbre,
il existe deux petites vis à tête large formant à la fois mandrin et écrou, permet-

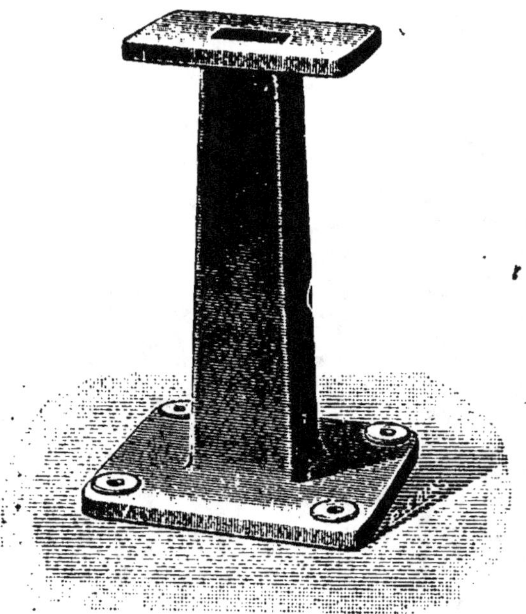

Fig. 11 *bis*

tant de monter de petits disques, ou de
petits tampons. On y adapte aussi un petit
mandrin en forme de queue de cochon,
quand il s'agit de monter une petite brosse
ou un petit tampon en forme de champi-
gnon, de tête de loup, de volant, etc.,
pour le polissage intérieur d'objets creux,
ou le polissage des têtes de fourches de

bicyclettes, entre les branches desquelles

Fig. 12.

ne peuvent pénétrer que des brosses de très petit diamètre.

6° **Tours à polir à colonne.** — Ces tours (fig. 12) sont destinés à être fixés directement sur le sol au moyen de boulons ou de tire-fonds.

Leur construction est robuste et permet

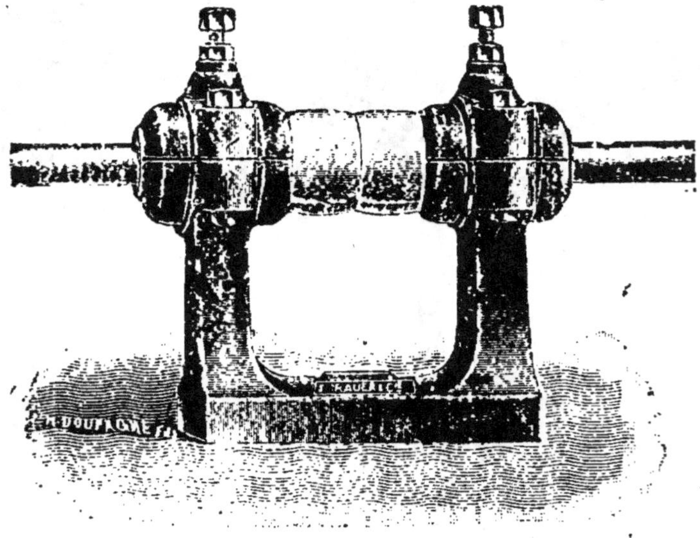

Fig. 13.

de les employer dans les ateliers pour le polissage des pièces de grandes dimensions.

On peut y monter, comme sur les autres tours, des meules, brosses ou tampons.

7° **Tourets parisiens dits tourets graisseurs·** — Ces tourets, appelés tourets parisiens (fig. 13) parce qu'ils sont surtout employés dans les ateliers de Paris, sont également en fonte ; on les fixe sur l'établi, à l'aide d'un fort boulon central.

La disposition de ces tourets est à peu près la même que celle du tour américain. Les extrémités de l'arbre portant les poulies sont creusées et filetées intérieurement ; cela permet de visser à ces extrémités des mandrins (fig. 14) variant de forme et de longueur suivant les cas. Ces man-

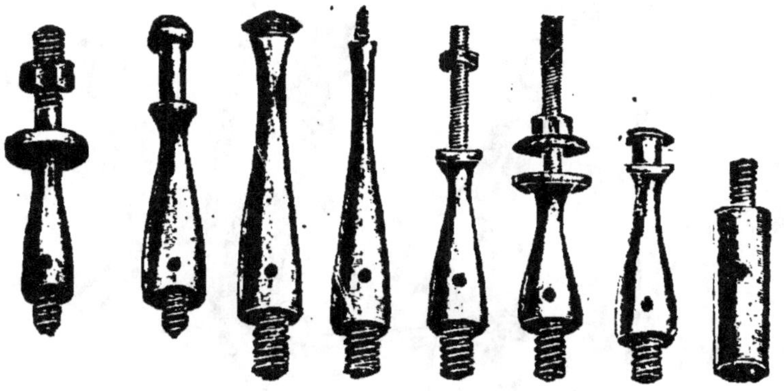

Fig. 14.   Fig. 15.

drins peuvent même être allongés s'il y a lieu à l'aide d'un *faux nez* (fig. 15).

Chaque fois qu'on change de meule on est obligé de changer de mandrin, et, par suite, on en dévisse un pour en visser un autre. Bien que l'opération ne soit pas longue par elle-même, lorsqu'elle doit être répétée souvent, il s'ensuit une perte de temps assez sensible ; on peut obvier à cet inconvénient en remplaçant, comme cela se fait d'ailleurs en Allemagne et en Angleterre, le mandrin par une tige conique file-

tée sur toute la longueur, sur laquelle on
visse directement les meules, sauf celles en
émeri. Dans ce cas on supprime le rem-

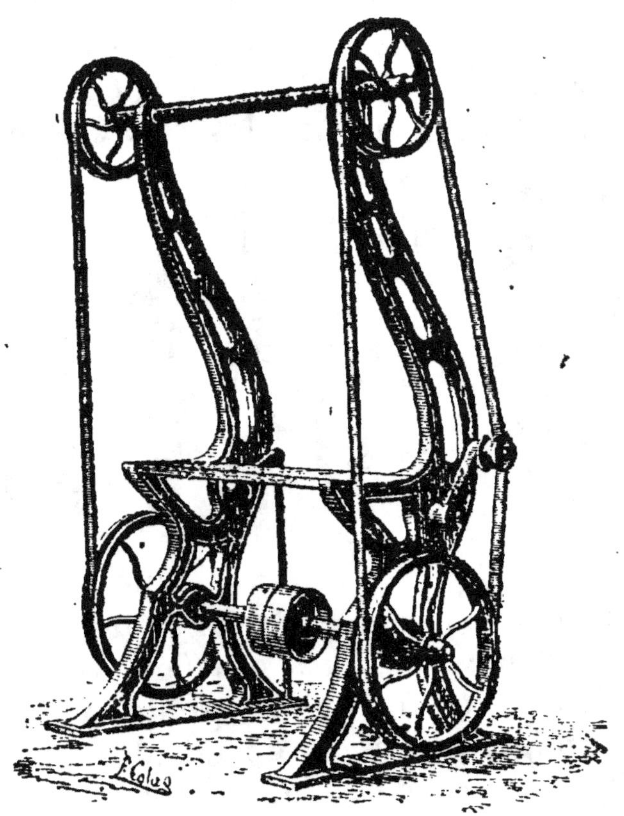

Fig. 16.

placement du mandrin puisqu'on n'a plus
à toucher la tige ; de plus, de même que
pour la fixer, deux ou trois tours suffisent
pour dévisser la meule ; d'où économie de
temps ; elle sera du reste fixée d'autant

plus facilement que l'opération elle-même la visse davantage.

8° **Machines pour polir à l'aide de courroies sans fin.** — Ces machines, dont nous donnons (fig. 16 et 17) deux des meilleurs modèles, s'emploient spécialement pour le polissage des pièces courbes, telles que guidons de bicyclettes, mors de selles, anneaux, etc.

Les courroies sont en toile ou en cuir de buffle que l'on recouvre d'émeri au moyen de colle forte.

La machine représentée figure 16 est munie de deux courroies passant sur deux paires de poulies. Deux ouvriers peuvent donc travailler à la fois. Deux leviers, munis chacun d'une poulie à joues, permettent de tendre plus ou moins ces courroies.

La machine représentée figure 17 n'a qu'une seule courroie; mais, comme on le voit sur la gauche de la figure, elle peut être munie soit d'une meule en émeri, d'un disque ou tampon, d'une brosse, etc.

9° **Machine automatique à polir.** — Cette machine (fig. 18) s'emploie spécialement pour le polissage automatique des feuilles de zinc, des feuilles de maillechort, de laiton, de tôle, etc.

Fig. 17.

Il existe plusieurs modèles de machines
automatiques à polir les métaux en feuilles

Fig. 18.

minces jusqu'à 5/10 de millimètres d'épaisseur ; la plus pratique est celle construite
par M. Eliachoff.

Avec cette machine, on peut polir automatiquement des feuilles de zinc, etc., de n'importe quelle longueur et d'une largeur maximum de 75 centimètres.

La feuille de métal est entraînée par deux cylindres et va se placer sous un rouleau composé de tampons à polir, soit en drap, en coton, ou en buffle garni d'émeri, soit encore de brosses en tampico ou en soies de sanglier, suivant la nature du travail à exécuter. Ce rouleau monté sur l'arbre est animé d'un mouvement de rotation et d'un mouvement de translation ou de va-et-vient.

Le polissage s'exécute à l'aide de ces deux mouvements combinés. La machine est construite de telle sorte qu'une fois la feuille de métal mise en place par l'ouvrier, celui-ci n'a plus qu'à surveiller l'opération et remplacer la feuille de métal polie par une autre. Le polissage s'exécute tout à fait automatiquement.

Nous parlons, plus loin, d'une machine à polir les feuilles de zinc (fig. 31.)

Une variante de cette machine permet le polissage des métaux en planches de toutes épaisseurs ; dans ce cas, c'est la planche de métal qui se trouve entraînée par la table support de manière que toutes les parties de sa surface se trouvent tour à tour en contact avec la brosse.

Du choix des tours

Les tours que nous venons de décrire ont leurs avantages et leurs inconvénients : les tours à pointes sont très commodes, parce qu'on peut en placer plusieurs sur les mêmes longrines ; les tourets sont aussi très employés, parce qu'ils peuvent être placés partout et que l'ouvrier, pouvant tourner autour, a une certaine aisance dans son travail.

Pour les petits ateliers de polissage, il serait préférable de se servir du touret ou du tour américain ; pour les ateliers d'une certaine importance, il sera utile d'avoir à sa disposition tours et tourets.

Différentes meules et brosses employées dans le polissage

A part les meules en émeri, en carborundum, en corindon et les meules en pierres naturelles, qui polissent par elles-mêmes, les autres meules ou brosses n'ont été imaginées que pour servir de support, pour ainsi dire, à une matière polissante.

Aussi a-t-on essayé de faire ces meules avec une grande quantité de substances plus hétéroclites les unes que les autres.

Nous ne citerons ici que les meules ou brosses d'un emploi courant :

1° **Meules en grès.** — Elles s'emploient à l'eau et servent à l'aiguisage et à l'affûtage.

2° **Meules en pierres anglaises.** — On s'en sert principalement dans les fabriques de lunetterie

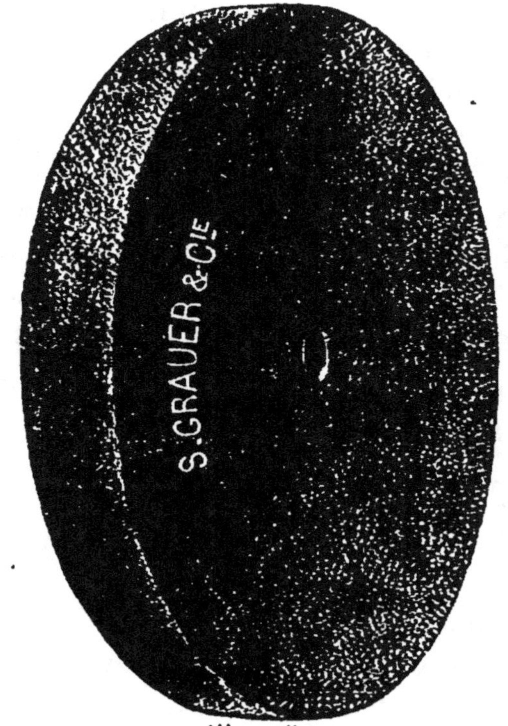

Fig. 19.

3° **Meules en émeri pur ou en composition de silex et d'émeri.** — Ces meules (fig. 19), qui sont agglomérées au moyen de la gomme laque, de la gutta, de la magnésie, etc., s'emploient pour remplacer les meules en grès, auxquelles elles sont su-

périeures par leur plus grande dureté. On
s'en sert aussi spécialement pour ébarber
ou dégrossir et pour polir.

Les meules en émeri pur sont préférables
à celles en composition.

4° **Meules en carborundum.** — Le *carborundum* est un produit nouveau obtenu
par la combinaison directe du silicium
et du carbone au moyen de l'électricité.

Le carborundum est plus dur que le
saphir, le corindon et le rubis ; on l'emploie pour tailler, aiguiser et polir les
métaux et les matières les plus dures ;
il possède un pouvoir mordant bien supérieur à celui de l'émeri, et il a une résistance quatre fois plus grande.

On s'en sert également pour le polissage
des glaces, de la nacre, du marbre, du
granit, de la porcelaine et d'autres produits céramiques.

Il se fabrique en meules ou en pierres
de toutes dimensions, de tous grains et
de tous profils.

*Montage des meules travaillant
sur la circonférence.*

A l'occasion de la loi sur les accidents
du travail, nous croyons devoir insister
sur les précautions à prendre pour éviter

les accidents causés par les meules de toute nature.

Nous avons remarqué que la rupture de ces dernières est presque toujours due à un montage défectueux et principalement au montage entre des rondelles en fer. Ces rondelles, en général peu épaisses, sont flexibles, et la pression exercée sur leur centre par l'écrou de serrage ne se répartit pas également sur toute leur surface.

Il en résulte que, cette pression ne

Fig. 20.

s'exerçant qu'en quelques points, il y a écrasement de la meule autour du trou, écrasement qui peut produire une fente et déterminer l'éclatement. Les plateaux de serrage doivent donc être en fonte et, autant que possible, se rapprocher comme forme de la coupe ci-dessus (fig. 20).

La forme de ces plateaux les empêche de fléchir et assure la répartition uniforme de la pression exercée par l'écrou. Leur diamètre doit être égal au tiers environ de celui de la meule et leur épaisseur au centre égal au septième environ de leur diamètre.

Il est aussi recommandé de placer entre ces plateaux et la meule une rondelle d'un

corps souple : carton, feutre, cuir ou caoutchouc et surtout de *munir les bâtis de protecteurs efficaces* dont les meilleurs sont
ceux en tôle ondulée.

Montage des meules lapidaires.

Ces meules généralement très évidées au
centre sont peu résistantes par elles-
mêmes. On les monte donc sur des plateaux
de fonte à bords relevés dans lesquels on
les fixe à l'aide de ciment spécial. Si le ci-

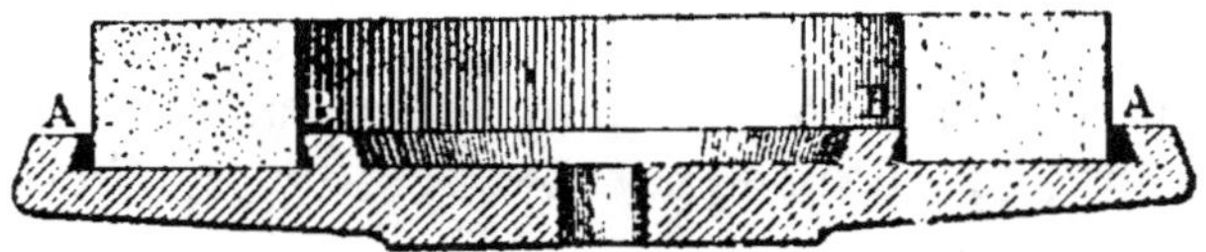

Fig. 20 *bis*.

ment adhère mal sur le métal, la meule
peut sortir du plateau et éclater. Pour remédier à cet inconvénient, nous conseillons l'emploi des plateaux de forme ci-dessus (fig. 20 *bis*), le ciment emprisonné en
A A et en B B retient la meule qui ne peut
ainsi s'échapper.

Montage des meules en grès.

Pour centrer une de ces meules sur son
arbre, n'employer que des cales ou douilles

en fer et jamais de bois ; la meule une fois calée, la placer horizontalement et remplir les vides entre les cales avec du soufre fondu.

Lorsqu'une meule en grès reste quelque temps au repos, il convient de la faire tourner quelques tours de temps en temps pour éviter qu'elle s'abime à sa partie inférieure qui prendrait trop d'humidité.

La vitesse moyenne des meules en grès est de 13 mètres à la seconde à la circonférence.

Instructions pour l'emploi des meules de toute nature, publiées par l'*Association des Industriels de France*

. — Interdiction aux ouvriers qui ne sont pas désignés à cet effet de se servir des meules et d'enlever pendant le travail les appareils protecteurs dont on les a garnies.

II. — Éviter les chocs dans le transport des meules. Veiller à ce que l'arbre entre sans forcer dans le trou central et à ce qu'il soit parfaitement horizontal et d'équerre avec le plat de la meule. Sonner cette dernière en la frappant doucement sur ses deux faces avec un marteau, le son doit être clair. Enfin, veiller à ce qu'elle soit parfaitement centrée.

III. — L'ouvrier doit fréquemment sonner sa meule et s'assurer que le son en est net et clair ; au cas contraire, il doit la démonter et la visiter soi-

gneusement. Il doit également veiller à ce qu'il n'y
ait pas de jeu dans les coussinets.

IV. — Quand un faux rond est constaté, la meule
doit être immédiatement retaillée et sonnée à nouveau après chaque retaillage.

V. — La mise en marche doit être progressive et
non brusque. Les chocs contre la meule doivent
être évités pendant la marche. Enfin, les meules
ne doivent jamais tourner à blanc.

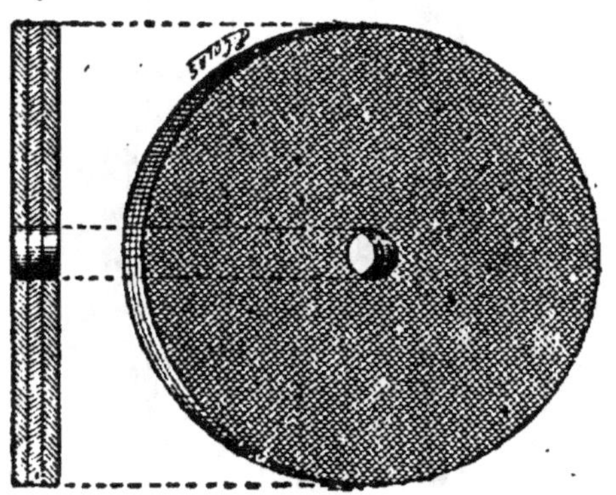

Fig. 21.

5° Meules en noyer dites lustrades. —
Ces meules, taillées d'un seul morceau
en plein bois, s'emploient telles quelles,
sans le secours de l'émeri, pour donner
un dernier poli aux instruments de chi-
rurgie.

On les emploie encore pour obtenir un
poli noir en les frottant avec un peu de cire
jaune, sur laquelle on saupoudre du charbon de bois pulvérisé très finement.

6° **Meules en bois garnies de buffle.** — Ces meules (fig. 21) sont faites de trois épaisseurs de bois blanc, très sec, juxtaposées de façon que les fibres se croisent. On les garnit d'une bande de buffle sur laquelle on colle de l'émeri, plus ou moins fin, en procédant comme il est indiqué

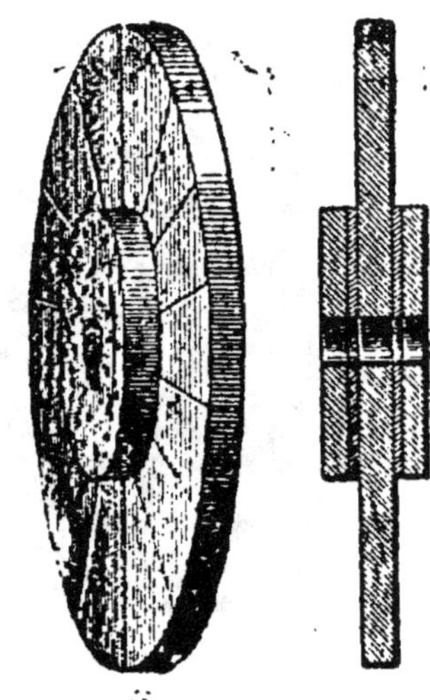

Fig. 22

au chapitre « Préparation de l'outillage » (pages 54 et suivantes) et l'on obtient ainsi une meule remplaçant avantageusement la meule d'émeri pour les travaux de polissage, car, avec la meule en bois, il n'y a pas d'éclatement à craindre, et la bande de buffle, qui sert de support à l'émeri, peut lui donner une souplesse qui ne se rencontre pas dans la meule en émeri aggloméré.

On emploie aussi, en Angleterre et en Allemagne, les meules représentées figure 22 ; ces meules sont bien plus solides que les précédentes ; mais en France on préfère les premières, parce qu'elles présentent assez de solidité et qu'elles sont bien meilleur marché.

7° **Meules en feutre dur ordinaire.** — On y colle de l'émeri comme sur les meules en bois garnies de buffle ; elles servent principalement pour le polissage grossier.

8° **Meules en feutre américain.** — Ces meules, introduites depuis quelques années seulement dans le polissage, ont bien vite pris une place prépondérante dans l'outillage. Par leur souplesse et leur fermeté, elles ont relégué au second plan les meules en rondelles de buffle. On les emploie garnies d'émeri fin pour finir le poli des pièces qui ont déjà passé par la meule en bois bufflée. Elles servent aussi pour le brillantage ou avivage.

9° **Meules en rondelles de buffle.** — Elles sont formées avec des rondelles de peau de buffle, que l'on coud ou colle l'une sur l'autre pour avoir l'épaisseur voulue ; on y colle de l'émeri comme sur les meules en feutre et elles servent à peu près aux mêmes usages.

Les polisseurs nomment ces meules : *buffles chiffons.*

La rigidité de la peau de buffle permet de tailler ces meules de façon à donner à la circonférence un profil approprié : on peut les tailler soit en biseau, soit à plat, soit à bord convexe, soit à bord concave, de façon qu'elles s'appliquent exactement sur la surface de l'objet à polir.

10° Meules en cuir de morse. — Ce cuir, ayant une très grande épaisseur (20 à 30 millimètres), une seule rondelle suffit pour faire une meule ordinaire. Il est pour ainsi dire inusable.

Les meules en cuir de morse s'emploient de la même manière que les meules en buffle.

11° Nouveaux disques en cuir comprimé. — Ces disques (fig. 23) sont d'invention récente ; ils sont composés d'une couronne formée de lamelles de cuir soigneusement collées entre elles et placées de champ sur le pourtour d'une meule en bois croisé et chevillé, laquelle forme la partie centrale du disque.

En outre l'extrémité inférieure des la-

mêlles est entaillée et serrée entre deux
brides circulaires en tôle d'acier qui sont
elles-mêmes vissées sur la meule en bois.
Ce dispositif a pour effet de rendre impossible l'échappement des lamelles et assure
une parfaite solidité au disque.

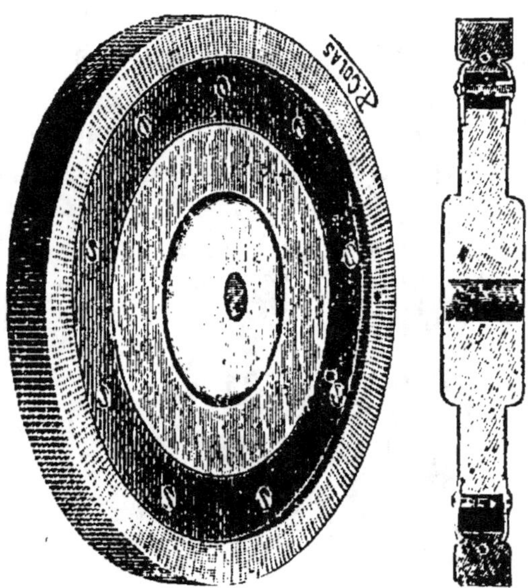

Fig. 23.

La hauteur de la couronne en cuir étant
de 25 à 35 millimètres, cette couronne possède une certaine élasticité qui peut être
diminuée ou augmentée par la plus ou
moins grande dureté du cuir employé.

On emploie ces disques comme les
meules en feutres, en buffle ou en cuir de
morse, c'est-à-dire garnis d'émeri sur la

circonférence ; leur durée est de 12 à 15 fois celle des autres disques.

12° **Brosses circulaires en tampico (fibre végétal ou crain végétal).** — Ces brosses (fig. 24) se composent ordinairement d'une monture en bois percée de trous ou loquets dans lesquels sont fixées les touffes de tampico au moyen d'une ficelle spéciale.

On les emploie avec une sorte de bouillie faite avec de l'huile et de la potée d'émeri,

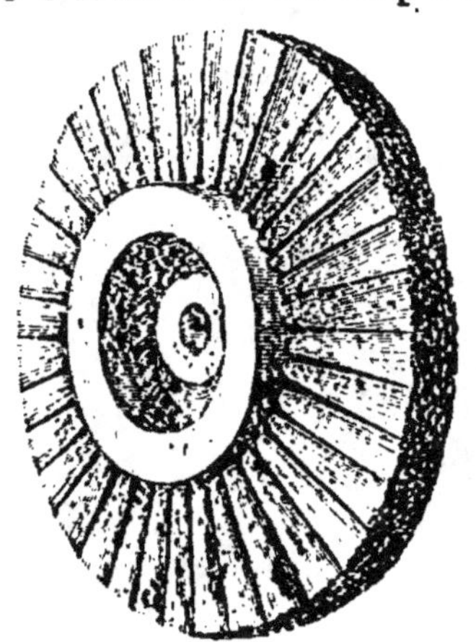

Fig. 24.

ou avec de l'huile et du rouge en poudre ; cette bouillie s'applique indifféremment soit sur la brosse, soit sur l'objet à polir. Quand le tampico est usé, on regarnit les brosses à nouveau. On fabrique également ces brosses cylindriques en cuivre : elles peuvent dans ce cas être regarnies ou remontées presque indéfiniment.

13º **Rondelles en tampico.** — Préparées spécialement au moyen d'un procédé breveté, ces rondelles (fig. 25) se font en diamètre de 8 à 45 centimètres, avec trou central de dimension variable. En superposant

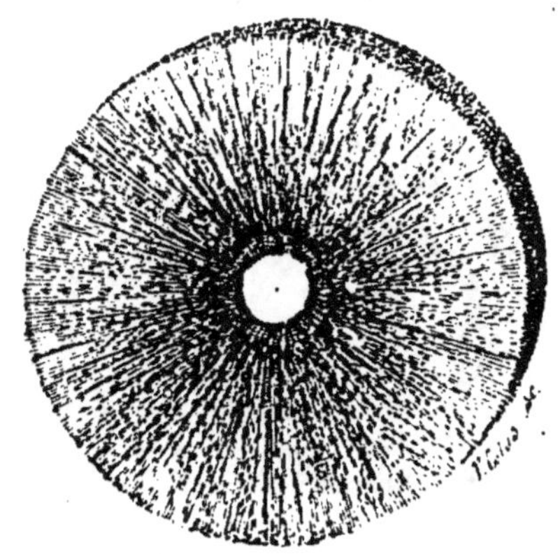

Fig. 25.

plusieurs de ces rondelles, que l'on fixe au moyen de plaques circulaires et d'écrous, on obtient instantanément une brosse de l'épaisseur désirée. On les monte de préférence sur les tourets ou sur les tours américains.

14º **Brosses tampico spéciales avec monture fer.** — Il arrive parfois que, pendant le travail, la monture en bois des brosses éclate, ce qui peut causer de sérieux accidents.

Avec les brosses représentées fig. 26, cet inconvénient n'est pas à craindre. Le tampico bien serré est maintenu par plusieurs cercles de fer et assujetti au moyen de longs clous rivés. Deux plaques de zinc repoussé s'emboîtant sur ces cercles forment le moyeu de la brosse. Ces brosses, dont la garniture est beaucoup plus fournie que

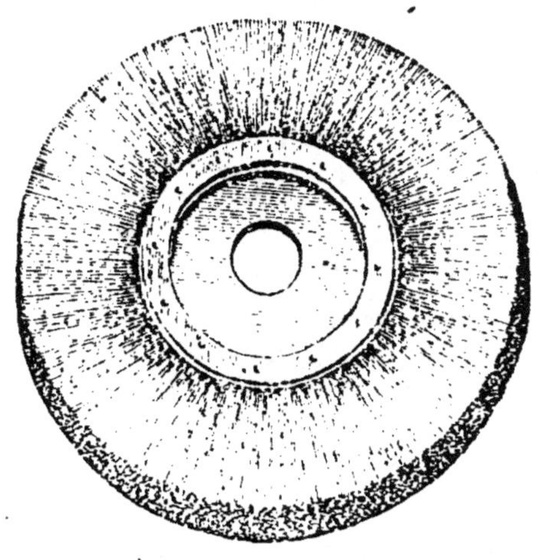
Fig. 26.

celle des autres brosses de même diamètre, se regarnissent également quand le tampico est usé.

15° Brosses circulaires en fil d'acier. — Elles sont construites exactement comme les brosses circulaires en tampico, mais elles sont garnies avec du fil d'acier; on les emploie ordinairement à sec ou bien avec de la ponce en poudre délayée dans un peu d'eau, pour brosser les fonds des pièces ayant des creux et des reliefs.

16° **Brosses circulaires en soies de sanglier.** — On s'en sert de la même manière que les brosses en tampico ; elles sont un peu plus résistantes, il est vrai, mais elles coûtent beaucoup plus cher. Cependant les brosses de petites dimensions (au-dessous de 8 centimètres) se font exclusivement en soies de sanglier.

17° **Brosses circulaires en fil de laiton.** — On les emploie principalement pour le gratte-bossage, dans la dorure ou l'argenture.

18° **Brosses circulaires en fil de laine, en fil de coton et en fil de soie.** — C'est seulement pour le brillantage ou avivage des objets déjà polis, ou ayant subi l'opération du nickelage, que l'on emploie ce genre de brosses.

19° **Meules ou disques en coton.** — Elles sont composées de rondelles de coton écru, dont le nombre varie suivant l'épaisseur que l'on veut donner à la meule. On les emploie surtout pour l'avivage, avec les compositions à polir dont nous parlerons plus loin. Pour l'avivage du nickel, elles sont incomparables.

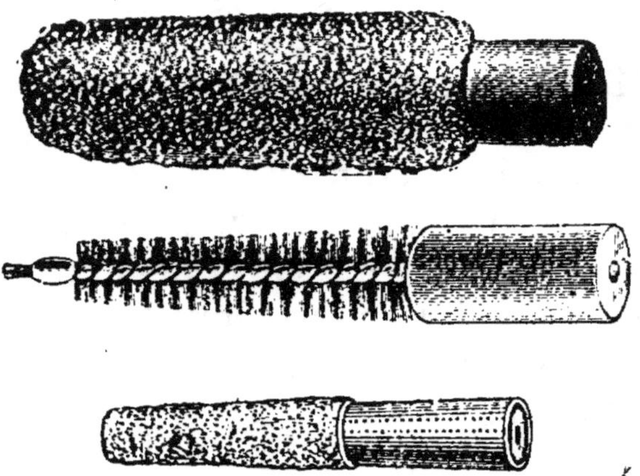

Fig. 27.

20° **Meules en drap.** — Elles s'emploient comme les précédentes, mais de préférence

Fig. 28.

pour les objets qui demandent un travail moins soigné.

21° **Meules ou disques en peau de cha-mois.** — Composées de rondelles en peau de chamois, ces meules servent aux mêmes usages que les meules en coton; on les emploie de préférence pour l'avivage des objets fragiles.

22° Meules et brosses diverses. — On fait également des meules en *flanelle*, en *fi-*

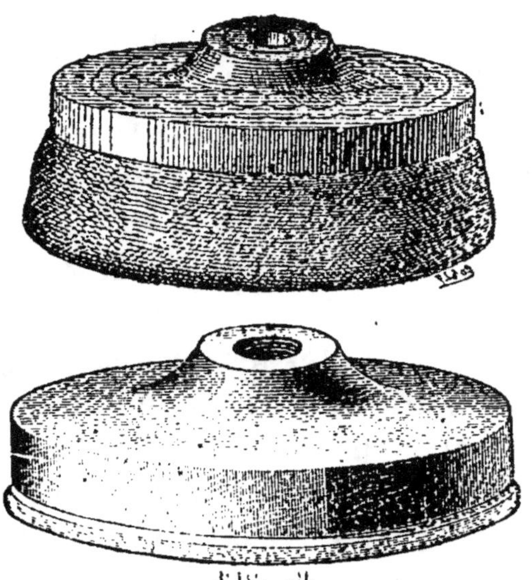
Fig. 30.

nette, en *calicot*, etc.; elles remplissent le même but que celles en coton ou en peau de chamois; mais leur emploi est beaucoup plus limité.

On a même essayé des meules en *rondelles de papier* simplement juxtaposées; mais les résultats obtenus n'ont pas été satisfaisants.

Outre les meules et brosses dont nous

venons de parler, et qui sont pour ainsi dire classiques, il existe encore un grand nombre de brosses spéciales qui s'emploient de même, mais dont la forme varie suivant celle de l'objet à polir.

Nous mentionnerons ici seulement les *champignons*, les *triboulets*, les *têtes de loup*, les *mitrailleuses*, les *cônes*, les *goupillons*, les *disques plats*, etc. (Voir fig. 27, 28, 29).

PRODUITS SERVANT AU POLISSAGE

Comme nous l'avons dit plus haut, à part les meules en émeri et les meules en pierres naturelles, toutes les autres meules et brosses ne peuvent s'employer qu'avec une matière polissante.

Ces matières à polir étant ordinairement pulvérulentes, la force centrifuge développée par la rotation rapide des meules les chasserait aussitôt, et elles ne pourraient agir ; il a donc fallu songer à les incorporer à une substance liquide pour en faire une sorte de bouillie pouvant adhérer à la meule ou à la brosse.

A cet effet on se sert de colle forte, d'huile de colza, ou d'eau.

Voici les principales poudres à polir employées actuellement :

Émeri en grains et en poudre. — On le colle sur les meules en bois, en buffle, en feutre, etc., avec de la colle forte ;

Potée d'émeri ou émeri à brosser ;
Ponce en poudre ;
Tripoli ;
Tellurine ;
Casta appelée aussi castapiane ;
Terre pourrie ;
Chaux de Vienne ;
Rouge d'Angleterre, etc.

Pendant longtemps, on s'est servi, pour polir, de ces mélanges gras et huileux qu'il fallait préparer à chaque instant ; mais depuis quelques années on y a presque renoncé complètement pour adopter un autre procédé, que nous allons exposer.

Briquettes à polir. — Frappés des inconvénients multiples occasionnés par la manipulation et la préparation des bouillies huileuses employées dans le polissage, MM. S. Grauer et Cie ont cherché à les supprimer.

Après de longues recherches, ils ont réussi à créer *les briquettes agglomérées à polir.* Ces briquettes, de consistance solide et d'un format maniable, contiennent la substance à polir appropriée, jointe à un

corps gras qui augmente ses propriétés po-
lissantes.

Elles sont fabriquées en plus de vingt
sortes différentes : il y en a pour le polissage et pour l'avivage ; les unes servent pour le fer, d'autres pour le cuivre,
d'autres pour le nickel, pour l'or, pour l'argent, etc.

Leur emploi est des plus simples : on
présente l'extrémité de la briquette, en
l'appuyant légèrement pendant quelques
secondes, à la partie inférieure de la
tranche du disque à polir (en feutre, en
drap, en coton ou en peau) tournant à une
vitesse de 2.000 à 2.500 tours à la minute,
le sens de rotation étant dirigé de haut en
bas en venant sur l'ouvrier.

La durée du contact ne doit pas dépasser le temps nécessaire pour que la circonférence du disque s'imprègne légèrement de composition à polir, car un excès
de cette dernière, loin d'accélérer le travail, ne fait qu'encrasser le disque, de
même que la pièce à polir.

La meule étant ainsi amorcée, il ne reste
plus qu'à présenter à sa partie inférieure
la pièce à polir en l'y appuyant raisonna-
blement, tout en la maintenant fortement,
entre les mains, afin d'éviter qu'elle soit
entraînée par la force centrifuge, ce qui

pourrait blesser l'opérateur. On lui imprime un mouvement de va-et-vient, de droite à gauche, en même temps qu'on la pousse légèrement en avant, de manière à mener en contact la totalité de la surface à polir.

PRÉPARATION DE L'OUTILLAGE

On peut se procurer toutes préparées les différentes meules et brosses mentionnées plus haut

Cependant, comme beaucoup de personnes préfèrent s'en rapporter à elles-mêmes pour ce travail, nous leur donnons ci-dessous les indications nécessaires pour le mener à bonne fin.

I. Fixation du buffle sur les meules en bois

Ces meules en bois, représentées figure 21, sont faites de trois épaisseurs de bois blanc très sec (le bois de peuplier est très employé), juxtaposées de façon que les fibres se croisent, collées à la colle forte et chevillées ; on emploie aussi les meules représentées figure 22. Ces meules sont bien plus solides que les précédentes

et sont surtout employées en Allemagne
et en Angleterre. Mais en France on préfère les premières, parce qu'elles présentent assez de solidité et qu'elles sont
bien meilleur marché.

Avant de les garnir de buffle, il est de
toute nécessité de vérifier si ces meules
tournent bien rond. Pour cela, on les
monte sur un tour à pointes et, à l'aide
d'un outil tranchant, on enlève tout ce qui
pourrait empêcher de tourner rond. Cette
opération doit se faire également pour les
meules en *buffle*, en *cuir*, en *feutre*, avant
d'y coller l'émeri.

On garnit de buffle ces meules de la
manière suivante : on prend une bande de
buffle d'une largeur légèrement supérieure
à l'épaisseur de la meule à garnir ; à l'aide
d'un pinceau, on étend de la colle forte
sur la circonférence de la meule et l'extrémité de la bande ; on applique cette extrémité sur la meule et on l'y fixe à l'aide
d'un ou de deux clous ; on recouvre ensuite
de colle le reste de la bande et on l'applique contre la meule, en tirant, de façon
qu'elle adhère bien partout ; on fixe à
l'aide de clous la deuxième extrémité de
la bande contre la première, sans laisser
de vide. Lorsque la colle est bien sèche,
au bout d'un ou de deux jours, on retire

les clous et on tourne le disque de bois
ainsi recouvert de buffle jusqu'à ce qu'il
tourne absolument rond ; il faut avoir soin
de le faire tourner dans le sens indiqué
par la flèche (fig. 30), car, si on le faisait
tourner en sens inverse, l'outil pourrait
accrocher la bande de buffle et la sou-

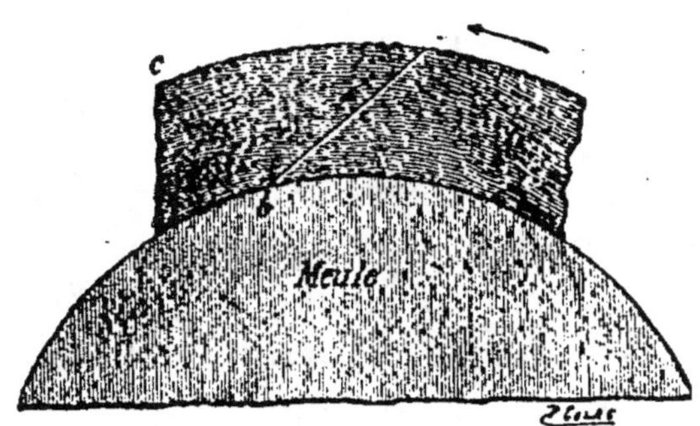

Fig. 30.

lever ; il faudrait alors la coller à nouveau.

Comme l'indique la fig. 30 les deux
extrémités de la bande doivent être amin-
cies en biseau de façon que leur jonction
ne forme pas épaisseur.

Il faut aussi que ces disques soient bien
équilibrés ; et, si une fois tournés, le
centre de gravité ne correspond pas
exactement avec le centre du disque, il
faut y rémédier en clouant un contre-
poids sur la partie trop légère.

11. Collage de l'émeri sur les meules ou disques en bois garnis de buffle, en feutre, en cuir de morse, en cuir comprimé.

Pour coller l'émeri sur ces meules ou disques, auxquels les polisseurs donnent indistinctement le nom de *buffle ou buffe*, on procède de la manière suivante :

1° **Collage de l'émeri gros.** — Sur la tranche du buffle, on étend une couche de bonne colle forte de Givet, et, à l'aide d'un bâton passé dans le trou central du buffle, on le roule vivement dans l'émeri, en appuyant assez fortement pour que celui-ci adhère bien à la colle.

On laisse ensuite sécher dans un endroit chaud, et on recommence l'opération deux ou trois fois, selon que l'on veut mettre plus ou moins d'émeri.

2° **Collage de l'émeri fin.** — On opère comme pour l'émeri gros ; mais au lieu d'appliquer d'abord la colle forte et ensuite l'émeri, il est préférable de mélanger préalablement l'émeri avec la colle forte, chaude et liquide, et d'appliquer le mélange sur le buffle avec un pinceau. De cette façon la répartition de l'émeri sur le buffle est beaucoup plus régulière, et l'adhérence est meilleure que si l'on opérait par le procédé usité pour l'émeri gros.

3" **Collage de l'émeri sur les disques ou meules en feutre.** — L'opération se fait comme nous venons de l'indiquer, mais il faut avoir soin, au préalable, d'enduire la meule en feutre d'une couche de colle forte que l'on laisse sécher, et c'est sur cette colle que l'on applique la nouvelle couche de colle forte qui doit retenir l'émeri.

Regarnissage d'émeri.

Lorsque l'émeri est usé, on enlève soigneusement ce qui reste en le grattant avec un couteau ou un morceau de tôle d'acier ; on lave le buffle avec de l'eau pour enlever la colle qui reste dessus, et on termine le nettoyage avec la chaux de Vienne pour enlever la graisse et sécher. Après un certain temps, on enlève la chaud de Vienne qui pourrait rester sur le buffle, et, si ce dernier est bien sec, on peut s'en servir à nouveau en y collant de l'émeri comme il est dit ci-dessus.

Préparation des meules en buffle dites buffles-chiffons.

Pour faire ces tampons on prend plusieurs rondelles de buffle, autant que possible du même diamètre ; on les coud ou on les colle ensemble à la colle forte, jusqu'à ce que le disque soit de l'épaisseur voulue et uniforme. Cette épaisseur varie suivant les cas entre 2 et 5 centimètres. On les perce bien au centre et, comme il est très rare que toutes les rondelles aient exactement le même diamètre, ou que l'ouvrier les ait bien collées exactement l'une sur l'autre, il est nécessaire de faire tourner ce disque bien rond ; on le monte alors sur l'arbre (fig. 7), et on le serre fortement entre la rondelle et l'embase à l'aide de l'écrou ; on fait tourner l'arbre et, par suite, le disque, entre deux poupées ; puis, à l'aide d'un outil bien tranchant, on enlève tout ce qui dépasse de chaque rondelle.

Quand le disque ou tampon tourne bien rond, on lui donne, à l'aide du même outil, la forme qu'il doit avoir, c'est-à-dire que l'on taille les bords à plat, en biseau, ou en doucine, etc., suivant la nature du travail à exécuter.

Graissage des buffles émerisés.

Quand l'émeri est graissé, il acquiert un mordant plus doux ; aussi les polisseurs ont-ils l'habitude de graisser les buffles garnis d'émeri fin. Pour cela, ils appuient légèrement un morceau de chandelle ou de suif contre la circonférence du buffle en mouvement.

On trouve également pour cet usage dans le commerce des graisses coulées en tubes de carton très pratiques et d'un emploi beaucoup plus économique que la chandelle ou le suif.

Décrassage des tampons ou meules de drap, de coton, de calicot.

Quand ces tampons, après avoir servi quelque temps, se sont encrassés, on les décrasse en appuyant sur leur circonférence, pendant qu'ils sont en marche, un morceau de tôle d'acier que l'on tient un peu obliquement, comme si on voulait l'aiguiser. Deux ou trois secondes suffisent pour enlever la couche de matières solides amassées à la circonférence de la meule. Pour terminer le nettoyage, on passe ensuite sur le disque ou tampon un morceau de chaux de Vienne ou un morceau de pierre ponce.

On trouve également dans le commerce sous le nom de décrasse-disques des sortes de râpes peu coûteuses et très pratiques pour cet usage.

DIFFERENTES OPÉRATIONS DU POLISSAGE

Opérations préliminaires

Ebarbage. — Cette opération a lieu pour les pièces sortant brutes de la fonderie et présentant des aspérités ou des bavures. L'ébarbage se fait avec des meules émeri à gros grains (fig. 19), contre la circonférence desquelles, et à leur partie inférieure, on présente les diverses parties des objets à ébarber. Ces meules tournent à 2.000 tours environ pour un diamètre moyen.

Ces meules doivent être montées de façon à tourner bien rond ; de plus, avant de s'en servir pour la première fois, l'ouvrier doit les laisser tourner à vide pendant quelques instants et se placer de côté ; il évitera ainsi d'être blessé si, par suite d'un vice de construction ou de montage, une rupture venait à se produire.

Cette observation s'applique également
à tous les genres de meules et de brosses
dont on se sert pour le polissage ou pour
l'avivage.

Le haut de la meule, en tournant, doit
se diriger toujours du côté de l'ouvrier,
contrairement à ce qui a lieu en coutellerie ; on n'appuiera pas trop la pièce à
ébarber, car elle pourrait être enlevée facilement des mains.

L'ébarbage se fait de même pour la
fonte, pour le fer ou pour le cuivre.

Quand les meules en émeri, après avoir
tourné un certain temps, s'encrassent et
perdent leur mordant, on leur rend la force
première en les grattant avec un morceau
de tôle d'acier que l'on maintient appuyé
un peu obliquement contre la circonférence de la meule en rotation.

Dérochage.

Il arrive souvent que les pièces brutes
sont recouvertes d'une couche de calamine
ou de crasse qui rend le polissage excessi-
vement difficile. Pour enlever cette couche
d'impuretés, on plonge les objets en ques-
tion, pendant une demi-heure environ,
dans un *bain de dérochage*, composé de la
manière suivante :

Eau . . . .   100 litres
Acide sulfurique . . .   5 kilos

Comme récipient, on peut se servir d'un tonneau défoncé par un bout.

Pour faciliter le détachement de la calamine il est souvent nécessaire de brosser les pièces avec une brosse à main en fil acier assez rude à leur sortie du bain ci-dessus.

Quand on sort les pièces du bain de dérochage, il faut les rincer dans une eau contenant un peu de potasse ou de soude, pour enlever les traces d'acide. On trempe ensuite dans l'eau chaude et on sèche dans la sciure. Pour le dérochage des pièces brutes de fonte, ou après brasure, on se sert également avec succès des machines à jet de sable.

POLISSAGE PROPREMENT DIT

Polissage des objets en fer,
fonte et acier.

Une fois la pièce bien ébarbée, on la présente à une meule d'un grain plus fin, en ayant soin que les rayures de celle-ci croisent les rayures faites par la première meule.

En passant la pièce à cette seconde
meule il ne faudra, dans aucun cas, l'appuyer trop fortement, car elle pourrait être
entraînée ou, trop usée dans certaines
parties

Lorsque les rayures sont suffisamment
fines, on emploie les meules en bois recouvert de buffle émerisé, dont nous
avons parlé précédemment, tournant à 12
ou 1.500 tours environ, contre la circonférence desquelles on appuie successivement les diverses parties de la pièce
à polir. On prend des disques dont le
grain d'émeri va en diminuant de grosseur, et on a soin de présenter les pièces
de telle sorte que les rayures de deux
disques consécutifs soient croisées.

Ensuite on emploie les disques en
feutre toujours recouverts d'émeri et, pour
terminer, les disques brosses-tampico,
avec la potée d'émeri délayées dans de
l'huile.

Pour les objets qui ne sont pas destinés
à être recouverts d'un autre métal par
l'électrolyse, on les finit avec les tampons
en drap ou en coton, sur lesquels on a
mis un mélange, à consistance de mélasse,
de rouge anglais et d'oléine, ou contre
lesquels on a frotté une briquette violette
Grauer n° 19. Ces briquettes (rouge agglo-

méré) évitent les ennuis et les pertes de temps occasionnés par le mélange des différents rouges en poudre soit avec de l'eau, soit avec des corps gras. Enfin, si l'on désire un poli tout à fait vif, on présente la pièce à un tampon frotté préalablement avec de la composition blanche Grauer n° 4.

Ce que nous venons de dire s'applique au polissage des pièces à surface plane. Si les pièces à polir avaient des surfaces creuses, il faudrait se servir des brosses circulaires en fil d'acier ou de laiton, pour le dégrossissage, et de brosses de sanglier et de tampico avec la potée d'émeri délayée dans de l'huile pour le commencement du polissage, et enfin du disque drap ou coton pour la fin, recouvert de la composition Grauer n° 19. Pour l'intérieur des vases creux, on se sert des têtes de loup.

Instructions pour le poli glace de l'acier.

Une première passe est donnée à l'aide de la meule en émeri pur, grain à polir ; on procède ensuite au bufflage au disque en buffle émerisé à l'émeri une minute.

Une troisième passe est faite avec le disque en feutre émerisé à l'émeri trois minutes.

Une quatrième passe est faite à la brosse tam-

pico avec de la potée d'émeri délayée dans l'huile
et on termine sur disque en bois bufflé mince et
souple, amorcé avec du charbon de bois finement
pulvérisé et de la cire.

Ce dernier outil ne doit servir qu'à ce travail et, manié par une main habile, il s'amé-
liore en travaillant.

Polissage du cuivre.

Après avoir bien décapé les objets et
les avoir séchés comme nous le verrons
plus loin à l'article *Décapage,* on les passe
aux tampons de buffle ou de feutre recouverts d'émeri, et on termine avec le tampon en coton et la briquette de composition jaune Grauer n° 3.

Lorsque les pièces en cuivre présentent
des creux, on emploie les brosses en
soies ou en tampico avec la potée d'émeri
ou un mélange de rouge en poudre et
d'oléine.

Lorsque les pièces de cuivre à polir
ont été bien préparées, surtout lorsqu'elles ont été tournées ou estampées, il
suffit souvent, pour tout polissage, de les
passer sur le tampon en drap ou en coton
avec la briquette Grauer n° 3, spéciale
pour le polissage du cuivre.

Polissage du zinc.

Le polissage du zinc se fait avec les
tampons de drap et les mêmes matières à
polir que celles employées pour les autres
métaux.

Fig. 31.

Pour les feuilles, on emploie une machine spéciale représentée par la figure 31.
Voici comment on se sert de cette machine : l'ouvrier place la feuille de zinc à
polir sur une planche ou sur un châssis de
même largeur ; au milieu de cette feuille
de zinc, il met une quantité suffisante de
matière polissante, chaux de Vienne et

oléine et, s'aidant des genoux, présente la feuille de zinc, en la tenant appliquée contre le châssis, au tampon de drap. Non seulement il appuie la feuille de zinc contre le tampon, mais il lui communique, toujours à l'aide des genoux, un mouvement de va-et-vient dans le sens de la largeur. Lorsque la partie inférieure de la feuille est polie, il la retourne et recommence l'opération sur la partie non polie, et ainsi de suite, jusqu'à ce que la feuille soit bien polie. On remarquera que, dans ces machines, les tampons sont très près du sol, pour permettre à l'ouvrier de se servir de ses genoux. De plus les tampons sont beaucoup plus larges que dans les autres machines : leur largeur est d'environ 20 centimètres.

Des modèles de machines automatiques à polir les feuilles de zinc ont été créés, notamment ceux de MM. Nibodaut et Eliachoff (fig. 18).

Nous avons parlé de cette dernière dans un chapitre précédent.

Polissage au tonneau.

Nous venons de parler du polissage des pièces facilement maniables ; mais, pour les menus objets, les divers procédés de

polissage décrits précédemment ne pourraient être employés. On a recours au
polissage au tonneau.

On se sert pour cela d'un tonneau représenté figure 32, de dimensions variant

Fig. 32

suivant la quantité des pièces à polir. Ces
pièces sont mises dans le tonneau, où on a
placé préalablement les matières polis-
santes. On lui communique un mouvement de rotation par l'intermédiaire d'une
courroie passant sur la poulie fixe de

l'arbre ; ces pièces frottant l'une contre l'autre et de plus étant en contact avec la matière polissante, acquièrent graduellement le degré de poli voulu.

Mais, comme précédemment, suivant la qualité des objets à polir on emploie telle ou telle matière.

Les renseignements suivants, qui nous ont été communiqués par un des meilleurs spécialistes, permettront d'exécuter d'une manière irréprochable tous les travaux de ce genre :

1° *Pièces en tôle douce ou en laiton estampées ayant de fortes ébarbures :* Opérer dans des tonneaux en fonte, ou mieux en bois, à un ou plusieurs compartiments, contenant chacun environ 40 litres ; remplir chaque compartiment environ à moitié, avec les pièces à polir, ajouter 10 litres d'eau, 20 kg. de grès fin et 2 kg. de poussière de charbon de bois et faire tourner à 25 tours à la minute pendant trois jours sans déboucher. Au bout du troisième jour, déboucher et ajouter de l'eau jusqu'au remplissage complet et laisser tourner 1/2 journée. Laver à l'eau claire alors trois fois de suite pour enlever le grès en faisant tourner un quart d'heure à chaque fois ; remplir enfin le tonneau complètement avec de l'eau et laisser tourner 1/2 journée sans déboucher, sortir et sécher à la sciure ou nickeler s'il y a lieu.

2° *Pièces en tôle douce ou en laiton estampées douciées par l'opération précédente ou ne présentant que de fines ébarbures après l'estampage.* — Faire rouler ces pièces à 25 tours à la minute dans un tonneau en bois, de telle façon que le volume des pièces occupe les deux tiers du compartiment, ajouter deux bonnes poignées de sciure de bois blanc non résineux, peuplier de préférence, remplir complètement avec de l'eau, boucher et tourner une journée ; laisser alors couler l'eau et rincer à l'eau courante jusqu'à disparition totale de la mousse ; remplir à nouveau avec de l'eau propre et remettre en marche une journée sans déboucher. Rincer à nouveau, sortir et sécher à la sciure.

Pour le laiton, on peut, dans la première journée de l'opération, ajouter 1/4 de litre de vitriol (acide sulfurique ordinaire), mais il faut alors donner fréquemment de l'air pour éviter l'explosion du tonneau.

3° *Poli bruni des pièces cémentées douciées avant la cémentation comme il a été indiqué au paragraghe* 1° : La cémentation étant faite à la poudre de charbon et aux déchets de cuir calcinés avec recouvrement de terre, après refroidissement les pièces sont mises dans un tonneau plein d'eau et roulées pendant deux heures pour broyer la masse. On laisse alors couler l'eau et toutes les impuretés ; on ajoute 1 kg. de potée d'émeri classée n° 0 ou 00 et environ 6 litres d'eau pour 30 kg. de pièces et on laisse tourner trois jours sans donner d'air ; on remplit alors d'eau et on fait tourner deux jours. On lave ensuite à l'eau courante, on remplit à nouveau avec de l'eau et on fait tourner encore pendant quatre jours en changeant d'eau deux fois par jour.

Au bout de ce temps, ayant laissé couler la totalité de l'eau, on ajoute 3 kg. de potée rouge des glaces, un verre à Bordeaux d'huile d'olive, deux morceaux de feutre grand comme la main et 10 litres d'eau, puis on laisse tourner six jours en donnant de l'air une fois par jour. Le septième jour, on remplit d'eau et on laisse tourner 1/2 journée ; on lave enfin quatre ou cinq fois en tournant un quart d'heure à chaque fois puis on sèche à la sciure.

C'est par ce dernier procédé que sont obtenus les articles en acier bruni dont le brillant rivalise avec celui des glaces.

Les tonneaux à employer doivent être absolument étanches et en bois dur très épais, leur usure étant assez rapide. Les portes doivent être à fermeture hermétique, d'un fonctionnement facile. En plus de cette porte, chaque compartiment doit comporter une petite ouverture diamétralement opposée et fermée par une bonde en bois pour l'évacuation des eaux de rinçage.

Polissage des objets métalliques au moyen de billes d'acier.

On emploie depuis peu pour le finissage des objets métalliques une méthode qui consiste à les soumettre au frottement de billes d'acier. Cette méthode remplace l'ancien polissage ou brunissage, qui est long et coûteux. Les objéts à polir sont placés dans un tonneau en bois, ou doublé de bois, disposé horizontalement, et contenant une solution, dans laquelle on place des billes d'acier, dont la dimension est en raison de la forme des objets à polir, et en grande quantité (la moitié ou mieux les deux tiers de la charge du tonneau doivent être constitués par les billes). Les billes n'ont pas besoin d'être parfaitement sphériques. Le tonneau reçoit alors un mouvement de rotation autour de son axe horizontal.

La durée nécessaire au polissage varie selon les circonstances, de une heure à un jour ou deux. Les objets d'une forme générale ronde sont polis plus rapidement que les objets plats. Les billes employées ont un diamètre de 1 mm. 5 à 6 mm., et souvent sont employées de différents diamètres à la fois. En général, les billes les plus petites produisent le polissage le plus rapide, mais elles coûtent aussi le plus cher.

La solution qui remplit le tonneau varie un peu d'une usine à l'autre, mais en général c'est une solution de savon ; on y ajoute parfois un peu de crème de tartre.

Le principal élément de succès de cette opération réside en une grande propreté. Les tonneaux doivent être absolument propres et débarrassés de poussières ou de graisse. Les objets à polir doivent d'abord être nettoyés, et, s'ils viennent de fonderie, débarrassés de toute adhérence de sable. Les objets sont seulement polis, et leur surface n'est pas sensiblement usée ; il faut donc les soumettre au procédé quand ils sont déjà à leur dimension définitive, et, par conséquent, les meuler, s'il y a lieu, avant de les mettre dans l'appareil. Le procédé n'est pas difficile à appliquer, mais il demande de l'attention. Le procédé est au total peu coûteux.

Ravivage et brillantage des articles de nacre, d'os, de bois et divers.

A titre documentaire nous croyons devoir donner quelques renseignements utiles sur ces opérations.

Polissage des boutons de nacre. — Mettre dans un tonneau à intérieur feutré, un volume de sciure chaude égal au volume des boutons, y ajouter la composition n° 4 spéciale cassée en morceaux de la grosseur d'une petite noisette. Il en faut environ 500 grammes pour 100 grosses de boutons de 5 lignes.

Faire tourner le tonneau à 20 tours à la minute pendant 3 heures au minimum, 10 au maximum ; l'opération doit se faire dans un endroit chauffé à 30° centigrades environ.

Polissage et blanchiment des petits articles en os.

Blanchiment. — Faire bouillir les os dans une dissolution plus ou moins concentrée de potasse caustique pour les dégraisser ; il n'y a pas de formule absolue ni pour le dosage ni pour la durée de la cuisson qui dépendent uniquement de la qualité et de la nature des os à traiter.

Pendant la cuisson, enlever avec une écumoire la graisse qui se produit à la surface du bain jusqu'à ce qu'il n'en ressorte plus. Sortir alors les os et les laisser sécher. La graisse écumée se vend facilement soit pour être employée telle que, ou pour être saponifiée.

Lorsque les os sont ainsi dégraissés et secs on procède au façonnage des objets qu'on blanchit en les faisant bouillir dans de l'eau oxygénée à 12 volumes pendant une demi-heure environ ; après les avoir laissés sécher on procède au polissage.

Polissage. — S'il s'agit d'articles pouvant être travaillés au tampon ou disque à polir, on les polit au disque en drap avec la ponce en poudre délayée avec de l'eau, le disque tournant à 500 tours environ à la minute. On procède ensuite au brillantage à l'aide de la craie siliceuse délayée à l'eau employée sur disque en coton tournant à 500 tours, ou mieux à l'aide de la composition n° 4 Grauer sur même disque tournant à 2.000 tours à la minute.

S'il s'agit de petits articles pouvant être traités au tonneau, le ponçage se fait dans un tonneau en chêne avec la bouillie

de ponce poudre délayée à l'eau (1 volume
de bouillie pour 10 volumes d'objets) jusqu'à ce que toute la surface soit bien
doucie. On procède ensuite au brillantage
dans un tonneau feutré avec la composition n° 4 Grauer comme il a été dit pour
les boutons de nacre.

Polissage des articles en corne et en celluloïd.

Ces articles peuvent être façonnés à la
scie ou à la meule en composition spéciale ; ils sont ensuite doucis à la ponce
poudre comme ceux en os, polis à la terre
pourrie ou au tripoli agglomérés au gras,
ou aux briquettes spéciales Grauer, et
brillantés à la craie siliceuse ou à la
Vulco composition Grauer.

Toutes ces opérations se font au tonneau ou au tampon suivant la nature des
pièces à traiter, comme il a été dit pour la
nacre et l'os.

Polissage des articles en bois dur. —
(manches de couteaux, perles en bois, etc..)
Ces articles sont en premier lieu passés
au grattoir et au papier verre ; on les soumet ensuite à l'action du disque en drap
ou en coton amorcé à la composition n° 3

ou à la composition 000 Grauer ou encore au tripoli délayé à l'huile. On les brillante avec la terre pourrie en *trochisques* employée sur disque en coton et on essuie enfin à la peau de chamois.

Si les manches sont faits à la machine, on les met dans un tonneau tournant à 20 tours à la minute avec de la ponce poudre et de l'huile ou de la glycérine ordinaire; cette opération remplace le passage au papier verré.

On les brillante ensuite en les faisant tourner dans un tonneau feutré intérieurement en y ajoutant un peu de tellurine ou de craie siliceuse délayée avec de la glycérine à consistance de pâte un peu épaisse.

On les ressuie enfin en les faisant tourner à sec dans un tonneau en bois non feutré, avec beaucoup de sciure de bois blanc, un peu de terre pourrie et des rognures de feutre.

Ce procédé au tonneau peut être employé pour le polissage des perles de bois dur.

DEUXIÈME PARTIE

DÉPOTS GALVANIQUES

HISTORIQUE, ÉLECTRICITÉ, AGENCEMENT DES ATELIERS
NICKELAGE, CUIVRAGE, LAITONISAGE, DORURE,
ARGENTURE, ETC.

PRÉLIMINAIRES

L'idée de recouvrir d'un métal précieux les métaux communs, soit pour leur donner un aspect plus élégant et plus brillant, soit pour les protéger contre les influences de l'air atmosphérique ou d'autres gaz, n'est pas nouvelle. Les Grecs et les Romains savaient employer l'or et l'argent à cet usage.

On trouve même, dans les écrits de Pline l'Ancien, l'indication d'un procédé de dorure au mercure ne différant pas sensiblement des procédés encore usités aujourd'hui. Cet art resta longtemps stationnaire ; mais les découvertes faites, au commencement du siècle dernier, dans le domaine de l'électricité, vinrent lui donner un nouvel essor. On reconnut qu'un courant électrique, traversant la dissolution d'un sel métallique quelconque, avait la propriété de décomposer ce sel et de mettre le métal en liberté, ce dernier se

dirigeant toujours vers le pôle négatif.
En 1803, Brugnatelli observa qu'on pouvait
dorer avec une pile et une dissolution alcaline d'or; mais c'est M. de la Rive qui,
le premier, appliqua réellement la pile à
la dorure et à l'argenture. Elkington,
Ruolz et d'autres physiciens perfection-
nèrent les nouvelles méthodes qui sont
aujourd'hui répandues dans le monde en-
tier; ces nouvelles méthodes ont fait disparaître presque complètement la dorure
et l'argenture au mercure, procédé fort
coûteux et très insalubre.

Les essais, entrepris d'abord exclusivement sur l'or et l'argent, se firent aussi
sur d'autres métaux, tels que l'antimoine,
le platine, le fer, le plomb, le cuivre et le
zinc.

En 1842, Böttger démontra qu'on pouvait obtenir de brillants et solides dépôts
de nickel au moyen d'une solution de
sulfate de nickel ammoniacal. On n'attacha
aucune importance à cette découverte ;
mais 25 ou 30 ans plus tard, les Américains l'utilisèrent et établirent chez eux
d'importantes usines de nickelage.

Cette industrie fut longue à se développer
en France, et ce n'est guère que depuis
l'invention des bicyclettes qu'elle a pris
un essor considérable. Pendant longtemps

le prix élevé du nickel (en 1871, le kilogramme de nickel coûtait environ 48 francs) fut un obstacle sérieux à l'emploi de ce métal ; mais l'exploitation de riches gisements de minerai découverts en Nouvelle-Calédonie jeta sur le marché de grandes quantités de nickel ; de ce fait les cours subirent une baisse importante. C'est ce qui explique pourquoi on nickelle aujourd'hui tant d'objets de nature différente, et ce à un prix de revient réellement minime.

L'industrie du nickelage étant une industrie nouvelle, peu de personnes sont complètement au courant des différentes manipulations exigées par ce genre de travail.

Beaucoup de soi-disant nickeleurs ne travaillent que par routine, et ils sont très embarrassés lorsque leur bain ne fonctionne pas bien.

Pour obvier à ces inconvénients et pour être utile à tous ceux qui, à un titre quelconque, s'occupent de nickelage, nous avons, dans le cours de cet ouvrage, décrit minutieusement les opérations successives que l'on doit faire subir aux objets à nickeler, examiné les difficultés contre lesquelles on peut avoir à lutter et indiqué les moyens de les surmonter.

Si les conseils contenus dans notre Manuel peuvent éviter des ennuis, en facilitant les débuts dans l'art du nickelage ou en venant en aide à l'expérience déjà acquise, notre but sera atteint.

ÉLECTRICITÉ

Courant électrique. — Si nous prenons
une pile connue, la pile de Bunsen, par
exemple, et si nous réunissons par un fil
métallique le bloc en charbon qui plonge
dans l'acide azotique avec le cylindre en
zinc qui baigne dans l'eau acidulée, une
action chimique s'établit entre les acides,
le charbon et le zinc, et cette action chimique engendre dans le fil métallique des
phénomènes spéciaux, insensibles au premier abord, mais qu'il est cependant facile d'observer en approchant du fil une
aiguille aimantée, qui aussitôt est déviée
de sa position.

On dit alors que le fil est parcouru par
un courant électrique allant du pôle positif
(charbon) au pôle négatif (zinc).

Nous pouvons constater l'existence de
ce courant électrique ; mais quelle en
est la cause ?

Cette cause a été appelée *force électro-*

motrice. Sous ce nom, on entend la force particulière, quelle que soit d'ailleurs son origine, qui produit ou tend à produire un déplacement d'électricité. Chacun sait que l'électricité existe à l'état latent dans tous les corps, mais elle ne se manifeste que dans des conditions déterminées.

Si donc on provoque l'état électrique dans deux corps quelconques, ils seront rarement électrisés de la même manière ; leurs températures électriques ou leurs hauteurs de niveau électrique ne seront pas les mêmes : on dit alors qu'ils n'ont pas le même *potentiel*.

Réunissons maintenant par un fil conducteur ces corps ayant des potentiels différents, il se produira immédiatement un courant électrique, de même qu'il se produit un écoulement de liquide dans une conduite d'eau inclinée, par suite de la différence de niveau entre les deux bouts de la conduite.

Ce courant électrique se mesure en *volts*. Le volt sert à mesurer la tension ou, si l'on veut, la pression électrique. C'est l'unité pratique de force électromotrice. Sa valeur matérielle correspond à peu près à la force électromotrice de la pile au sulfate de cuivre connue sous le nom d'élément Daniel.

Quand un courant électrique a pris naissance dans un circuit fermé, il s'établit un état permanent dans lequel toutes les sections du conducteur formant le circuit sont traversées par les mêmes quantités d'électricité dans le même temps. On appelle *intensité* la quantité d'électricité qui passe dans l'unité de temps.

Elle représente la grandeur de l'effet produit par la force électromotrice. L'intensité est pour un courant ce qu'est le débit pour une conduite d'eau.

L'unité pratique d'intensité est l'*ampère*. Dans l'industrie, on évalue sa valeur matérielle par la quantité d'argent qu'il dépose dans une seconde. Cette quantité est de 1 milligramme 11888.

Les conducteurs opposent tous une résistance au passage du courant ; cette résistance varie suivant la nature et la sélection du conducteur ; elle varie également avec la température, avec la densité du mélange ambiant, etc.

Ainsi, si nous prenons pour unité la résistance de l'argent, celle du cuivre sera de 1,06 ; celle de l'or 1,35 : celle du zinc 3,74 ; du fer 6,46 ; du nickel 8,27. Ceci, bien entendu, pour des conducteurs de même longueur et de même section, car la résistance d'un corps est proportionnelle à sa longueur et inversement proportionnelle à sa section.

L'unité pratique de résistance est l'*ohm*. Ces trois éléments dont nous venons de parler, la force électromotrice, l'intensité, la résistance, sont liés entre eux par une loi fort importante, qui est connue sous le nom de *Loi de Ohm*, et qui se formule de la manière suivante :

Dans un circuit fermé, l'intensité d'un courant est proportionnelle à la force électromotrice et inversement proportionnelle à la résistance du circuit.

En désignant par I l'intensité, par E la force électromotrice et par R la résistance, cette loi a pour expression.

$$I = \frac{E}{R}.$$

Si nous remplaçons dans la formule les trois élém nts par leurs unités correspondantes, nous aurons :

$$\text{Ampères} = \frac{\text{Volts}}{\text{Ohms}}$$

ce qui revient à dire que :

1° Pour obtenir la valeur des ampères débités par un courant, il suffit de diviser le nombre des volts par celui des ohms.

2° Pour obtenir la valeur des volts, on

multiplie le nombre des ampères par celui des ohms.

3° Pour obtenir la valeur des ohms, on divise le nombre des volts par celui des ampères.

L'unité pratique de puissance ou de travail électrique est le *watt* ; on l'obtient en multipliant l'intensité d'un courant (ampères) par sa force électromotrice (volts). Il faut 736 watts pour un cheval-vapeur de 75 kilogrammètres.

Que nos lecteurs veuillent bien nous pardonner de nous être un peu étendus sur ces questions arides de théorie, mais elles nous ont paru indispensables pour la nette compréhension des différents phénomènes qui se produisent dans le bain de nickel.

PILES ÉLECTRIQUES

Au premier rang des générateurs d'électricité, il faut placer les piles. Leur nombre est considérable, mais elles n'ont pas toutes la même valeur pour le but qui nous occupe.

Nous ne parlerons donc que de celles dont l'emploi peut être recommandé pour les opérations galvanoplastiques, telles que le nickelage, le cuivrage, etc.

Piles à liquides. — Tous les systèmes de piles à liquides reposent sur ce principe, que la décomposition d'un métal au contact d'un acide produit un courant électrique ; la seule différence entre deux

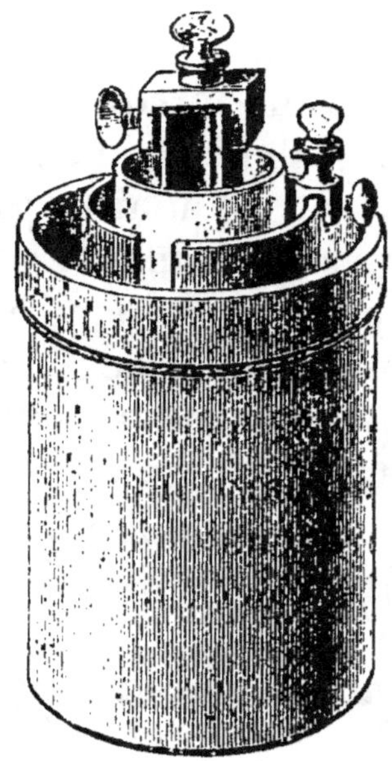

Fig. 33.

systèmes de piles, c'est que la nature du métal et des liquides varie de l'un à l'autre.

Pile Bunsen. — Parmi les piles à liquides, une des plus connues est la pile Bunsen, fig. 33. Nous allons la décrire brièvement. Elle se compose de 4 pièces pouvant se placer les unes dans les autres : 1° Un vase cylindrique en grès rempli d'une dissolution de 10 parties d'eau pour une d'acide sulfurique ; 2° un cylindre creux en zinc amalgamé; 3° un vase poreux en terre de pipe, dans lequel on met de l'acide azotique ordinaire ; 4° une plaque de charbon de cornue ou de charbon artificiel obtenu en calcinant un mélange pulvérisé de coke et de houille grasse. Dans le vase en grès on place d'abord le zinc, puis le vase poreux et au centre le charbon.

Au charbon on fixe une pince de cuivre à la partie supérieure de laquelle on adapte le fil devant servir d'électrode positive ; au zinc est fixée une seconde pince avec un fil qui est l'électrode négative.

Manipulation et entretien des piles de Bunsen. — Pour qu'une pile fonctionne bien, le bon établissement du contact est indispensable. Il faut donc décaper avec soin, en les frottant avec du papier ou de la toile d'émeri, les faces internes des pinces à zinc et à charbon, ainsi que les extrémités des électrodes ou fils conducteurs s'engageant dans les pinces.

Les pièces qui composent la pile étant disposées comme il vient d'être dit, on verse dans le vase poreux, jusqu'à 2 centimètres du bord, de l'acide azotique ou nitrique à 36°. Pour cela il faut se servir d'un entonnoir en verre ou en grès et bien faire attention qu'aucune goutte d'acide ne tombe sur le zinc. On remplit le vase en grès de la même manière, jusqu'à 1 centimètre du bord, avec de l'eau acidulée à l'acide sulfurique, de façon à établir l'égalité de niveau des deux liquides, condition essentielle pour la constance de la pile. Il ne faut pas laisser d'intervalle entre l'introduction de l'acide azotique dans le vase poreux et celle de l'eau acidulée dans le vase en grès, pour que l'acide azotique n'ait pas le temps de traverser le vase poreux et de venir attaquer le zinc.

En ce qui concerne l'eau acidulée, on doit faire d'abord le mélange d'eau et d'acide sulfurique dans un seul récipient, afin d'avoir le même degré de concentration pour tous les éléments ou couples. Ayant préalablement versé l'eau dans un baquet de bois, on y ajoute un dixième de son volume d'acide sulfurique ordinaire à 66°, c'est-à-dire dans la proportion de 1 litre d'acide pour 10 litres d'eau ; la dissolution doit marquer 10° à 11° au pèse-acide de Baumé. Si l'on n'a pas de pèse-acide, on reconnaît que l'eau est suffisamment acidulée quand elle devient tiède et qu'une goutte déposée sur la langue ne peut y être conservée.

Les éléments doivent être rangés, à la suite les uns des autres, sur une table ou sur un plancher bien sec, en ayant soin d'éviter qu'ils se touchent entre eux par aucune de leurs pièces autres que les fils conducteurs qui unissent le zinc de chaque élément au charbon de l'élément suivant.

Pour conserver les piles en bon état, il faut que les zincs soient amalgamés. Le zinc ordinaire, en effet, est attaqué vivement par l'acide sulfurique étendu, mais le zinc amalgamé n'est pas attaqué tant que le circuit n'est pas fermé, c'est-à-dire tant qu'il n'y a pas courant, d'où il résulte une grande économie de métal. En outre, avec le zinc amalgamé, le courant est plus régulier et plus intense pour une même quantité de métal dissous.

On reconnaît qu'un zinc a besoin d'être amalgamé quand il fait entendre un sifflement dans l'eau acidulée sans que la pile soit en activité. S'il est fortement attaqué, on voit l'eau fumer et même bouillonner ; dans ce cas, il faut retirer le zinc ; sinon, quelques heures suffiraient pour le trouer.

Amalgamation des zincs. — On les frotte d'abord avec du sable humide pour bien les nettoyer et on les trempe quelques secondes dans l'eau acidulée comme celle de la pile, afin de les décaper ; puis on les place un à un dans un vase de terre contenant un peu d'eau acidulée et 2 kg. environ de mercure, qu'on étend à leur surface à l'aide d'une brosse en fil de fer. Lorsque les zincs sont amalgamés, on les plonge dans un baquet d'eau au fond duquel, après l'opération, on retrouve l'excès du mercure.

L'emploi du mercure métallique offre. toujours des inconvénients. Il est préférable et plus commode, pour amalgamer les zincs, de se servir d'une solution appropriée d'un sel de mercure, dans laquelle il suffit de plonger le zinc après l'avoir nettoyé et décapé ; on frotte ensuite la surface du zinc avec un chiffon de laine. On trouve ce produit tout préparé, sous le nom de *sel à amalgamer* ou *liquide à amalgamer*, dans les bonnes maisons s'occupant de fournitures de nickelage.

Durée d'une pile Bunsen chargée. — L'acide azotique peut servir jusqu'à ce qu'il ne marque plus que 26° au pèse-acide. On y ajoute alors un cinquantième en volume d'acide sulfurique ; mais après cette addition il ne peut plus servir qu'une fois.

Quand il se forme sur le zinc des cristallisations de sulfate de zinc, il faut les enlever et jeter le liquide extérieur, qui ne peut plus servir.

En général, si une pile de Bunsen est en action du matin au soir, il est nécessaire de renouveler complètement les acides tous les quatre jours.

L'eau acidulée contenant alors du sulfate de zinc n'est plus bonne à rien, on peut donc la jeter ; mais on peut utiliser l'acide azotique qui se trouve dans le vase poreux, comme premier bain de décapage pour le laiton et autres alliages de cuivre en le mélangeant avec un égal volume d'acide sulfurique concentré.

Entretien des piles Bunsen. — Chaque fois que le travail est terminé, on démonte les fils conducteurs, on enlève les pinces à charbon et les pinces à zinc, on retire les charbons, on les lave dans l'eau en les brossant légèrement et on les dresse contre un mur pour les faire sécher.

Quant aux vases poreux, on les rince et on les met également de côté pour les faire sécher ; leur contenu est versé dans une grande bouteille bouchée à l'émeri.

On retire aussi les cylindres de zinc, que l'on met de côté, et on verse l'eau acidulée qui se trouve dans le pot à pile dans un vase de verre ou de grès plus haut que large. Par le repos, il se forme un dépôt au fond de ce vase.

Quand on veut remonter la batterie, il faut nettoyer les pinces et les fils, surtout aux points de contact ; on verse l'eau acidulée par parties égales dans chaque élément et on jette le dépôt dont nous avons parlé. On verse, dans les vases poreux, le vieil acide nitrique ; on y met un peu d'acide nitrique frais et on ajoute au liquide extérieur (eau acidulée) une solution fraîche d'acide sulfurique pour que les deux liquides, extérieur et intérieur, soient au même niveau.

La pile Bunsen est la plus énergique des piles à deux liquides et celle dont l'usage est le plus répandu. Sa force électro-motrice est de 1 v. 89, et comme sa résistance intérieure moyenne n'est que de 0 ohm 25, son intensité est d'environ 8 ampères pour un élément de grandeur moyenne.

À titre d'indication, nous donnons ci-dessous le débit approximatif en ampères des modèles les plus courants de piles Bunsen :

Hauteur de zinc :	15 c/m	20 c/m	25 c/m	30 c/m
Débit en ampères :	8 à 10	13 à 15	18 à 20	22 à 25

Malheureusement elle a l'inconvénient

de répandre des vapeurs d'acide hypoazotique, très incommodes, surtout quand il y a plusieurs éléments. On fera donc bien de placer les éléments en dehors de la pièce où se fait le nickelage ; si cela n'est pas possible, on les mettra dans une armoire fermant hermétiquement et communiquant avec une cheminée par un tuyau en poterie luté, de façon à ne pas laisser les vapeurs d'acide se répandre dans la pièce.

Pour diminuer ces vapeurs acides et pour obtenir un courant plus constant, A. Dupré a proposé de remplacer les liquides employés actuellement par les suivants : dans le vase en grès, on mettra une solution à 30 p. 100 de bisulfate de potasse dans l'eau, et dans le vase poreux un mélange de 600 parties d'eau, 400 parties d'acide sulfurique concentré, 500 parties de nitrate de soude et 60 parties de bichromate de potasse. Les résultats, dit-on, sont excellents.

Pile au bichromate à deux liquides. — La pile au bichromate à deux liquides présente un dispositif à peu près semblable à celui de la pile Bunsen que nous venons de décrire ; comme cette dernière, elle se compose d'un vase extérieur cylindrique ou rectangulaire en grès verni rempli de la solution suivante, dans laquelle plonge un cylindre creux en charbon de cornue, ou plusieurs lames de charbon de même nature reliées entre elles par une couronne conductrice :

Eau. . . . . 1 litr.
Bichromate de potasse ou de soude. 100 gr.
Acide sulfurique ordinaire. . . . 200 »
Acide chlorhydrique ordinaire. . . 100 »

Faire dissoudre le bichromate dans l'eau bouillante, laisser refroidir, puis vider très doucement dans cette solution, l'acide sulfurique d'abord et ensuite l'acide chlorhydrique, en remuant avec un bâton, ou mieux un agitateur en verre, en évitant surtout les projections de ce liquide sur la peau ou dans les yeux.

Au milieu du cylindre ou de la couronne de charbon plonge un vase poreux, cylindrique ou rectangulaire, rempli d'eau acidulée à 10 pour cent en poids d'acide sulfurique dans laquelle trempe une lame rectangulaire de zinc amalgamé de 8 à 10 $^m/_m$ d'épaisseur.

La solution acidulée du vase poreux peut être remplacée avantageusement par une solution concentrée, et même saturée, de sel de cuisine ou chlorure de sodium qui attaque le zinc moins énergiquement, le débit de la pile ne se trouvant que très faiblement diminué de ce fait.

Le rendement des piles au bichromate est, il est vrai, un peu moins élevé que celui des piles Bunsen de même dimension ; mais leur parfaite constance et l'absence de dégagement de vapeurs acides les font préférer à ces dernières dans bien des cas.

La tension en volts de chaque élément est de 1 volt, 6 à 1 volt, 8.

L'eau acidulée ou solution saline du vase poreux peut être renouvelée trois ou quatre fois pour épuiser complètement celle du bichromate qui ne devient inactive que lorsqu'elle a pris une teinte verte.

Piles à un seul-liquide. — Les principales sont la pile au bichromate de potasse ou pile bouteille de Grenet et la pile Leclanché.

Pile au bichromate de potasse. — Cette pile consiste en un ballon de verre contenant une dissolution composée de 900 grammes d'eau, 50 grammes de bichromate de potasse et 50 grammes d'acide sulfurique.

Dans cette solution plonge une lame de zinc amalgamé, placée entre deux prismes de charbon, et soutenue par une tige à crémaillère qui permet de l'élever et de la faire sortir du liquide, quand on veut mettre la pile au repos.

Cette pile possède une force électromotrice de 2 volts environ, mais elle s'affaiblit plus vite que la pile Bunsen. Elle est très commode pour les usages de courte durée.

Pile Leclanché. — Cette pile très répandue se compose d'une lame ou d'un bâton de zinc plongeant dans une dissolution de sel ammoniac, et d'un prisme de charbon. Ce prisme est enfermé dans un vase poreux que l'on remplit de petits fragments .de coke et de bioxyde de manganèse. Le vase poreux se place dans le vase extérieur en verre qui contient le crayon de zinc et la solution de sel ammoniac.

La force électromotrice d'un élément Leclanché est de 1 v. 5 et sa résistance de 0,2 à 2 ohms, suivant sa grandeur. Le débit en ampères n'est donc jamais bien considérable et rend ce système impropre au nickelage, celui-ci demandant un courant intense et constant. En revanche, comme il n'est besoin de recharger un élément Leclanché que tous les deux ou trois mois, on l'emploie surtout pour les usages intermittents, comme les téléphones et les sonneries électriques.

Piles thermo-électriques. — Dans certaines conditions, la chaleur peut se transformer en courant électrique. En effet, si deux lames métalliques de nature différente sont soudées bout à bout, elles constituent un circuit fermé, et si l'on porte une des deux soudures à une température différente, on obtient un courant dans le circuit.

Plusieurs systèmes de piles ont été construits d'après ce principe ; mais la plupart de ces appareils n'ont été employés que dans les cabinets de physique, pour servir de démonstration à la production des courants par la chaleur.

Pile thermo-électrique de Gülcher. — Cette nouvelle pile (fig. 34) est le résultat des études et des longues recherches de l'électricien Gülcher. Elle se distingue des autres piles thermo-électriques par sa grande durée, son rendement élevé, son fonctionnement peu coûteux et son maniement commode. Elle possède une force électromotrice constante, ne dégage aucune vapeur ni aucune odeur.

On la met en marche en ouvrant simplement un robinet à gaz. Au point de vue technique, sa construction est irré-

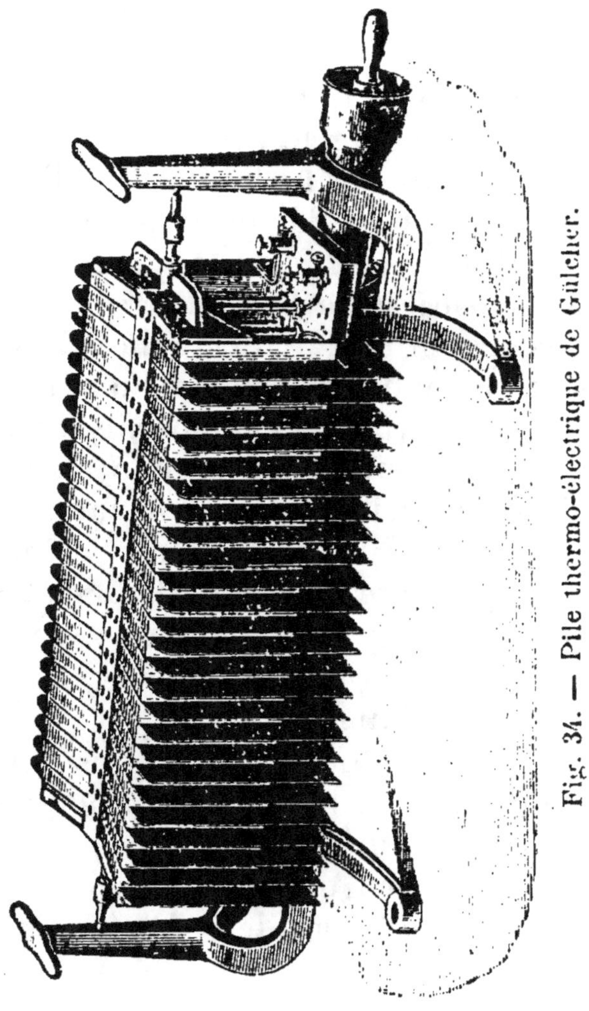

Fig. 34. — Pile thermo-électrique de Gülcher.

prochable. La pile ne peut pas être sur-chauffée, à condition que la pression du gaz ne dépasse jamais 50 millimètres. Elle a donc une durée presque illimitée, puisque les dangers de destruction sont évités.

Dans les piles à liquides il se produit, en même temps que le courant, un dégagement de bulles d'hydrogène et d'oxygène provenant de la décomposition de l'eau ; elles s'attachent, les premières, au pôle positif (charbon), les secondes, au pôle négatif (zinc). Ces bulles de gaz finissent par entourer comme d'une gaine le zinc et le charbon, et opposent une résistance de plus en plus grande au passage de l'électricité. Ce phénomène, qui a reçu le nom de *polarisation*, est la cause la plus importante de l'affaiblissement du courant dans les piles chimiques. Avec la pile thermo-électrique de Gülcher, pas de polarisation à craindre

Cette pile se construit en trois grandeurs différentes : la pile n° 1, composée de 26 éléments, donne, sous une pression de gaz moyenne, une force électromotrice de 1 v. 1/2 ; la pile n° 2, composée de 50 éléments, donne dans les mêmes conditions, 3 volts ; la pile n° 3, composée de 66 éléments, donne 4 volts. Si on compare la pile de Gülcher à la pile Bunsen, on trouve que la pile thermo-électrique

n° 1 équivaut à 1 petite pile Bunsen, la
pile n° 2 à 2 petites piles Bunsen, et la
pile n° 3 à 2 grandes piles Bunsen.

Les piles de Gülcher employées pour le
nickelage, etc., sont les piles n°^{s} 2 et 3.

Les avantages incontestables de la pile
de Gülcher permettent, dès à présent, de
lui prédire un brillant avenir.

L'inventeur de cette pile a également
combiné un régulateur de pression qui
garantit l'appareil contre tout surchauf-
fage même lorsque la pression du gaz
dépasse 50 $^m/_m$.

ACCOUPLEMENT DES PILES.

Nous avons vu que l'intensité d'un courant électrique dépend de la force électromotrice et de la résistance du circuit.
Plusieurs éléments de piles étant donnés,
il faut donc les réunir de manière à faire
prédominer soit la tension, soit la quantité,
selon le genre de travail auquel on veut
se livrer.

Cette réunion, cet accouplement des
piles peut se faire de trois manières différentes : 1° accouplement *en tension et en
série ;* 2° accouplement *en quantité ou en
batterie ;* 3° accouplement *mixte.*

1° Couplage en tension ou en série. —
Ce mode d'accouplement s'obtient en unis-
sant les piles ou éléments identiques par
leurs pôles de noms contraires (fig. 35),
c'est-à-dire pôle $+$ avec pôle $-$.

On comprend aisément que la force
électromotrice de chaque élément s'ajoute

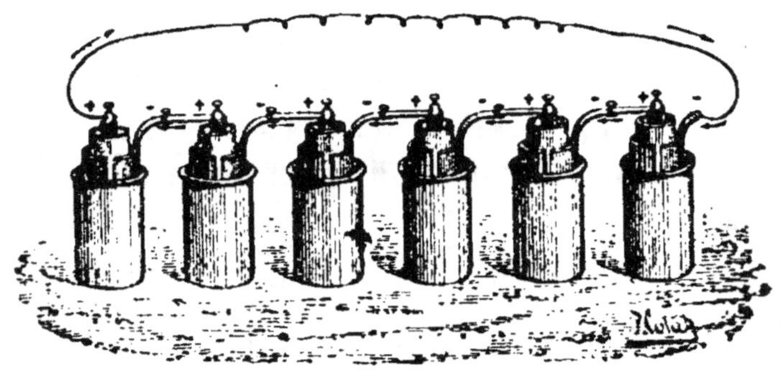

Fig. 35.

dans ce couplage, et que, si E est la force
électromotrice de chacun de ces éléments,
n leur nombre, la force électromotrice de
la pile sera nE.

On peut donc dire que, dans le couplage
en tension ou en série, la force électromotrice est proportionnelle au nombre
des éléments.

Mais il n'en est pas de même pour l'intensité. Nous avons vu en effet que l'intensité est proportionnelle à la force électromotrice de la pile, et inversement proportionnelle à la résistance totale du circuit

(pile et conducteur) : donc chaque élément ajouté aura pour effet d'augmenter la résistance de la pile de sa résistance propre, et, par suite, de diminuer l'intensité du courant fourni par la pile.

Si, en effet, nous désignons par E la force électromotrice de chaque élément, par r sa résistance propre et R la résistance du conducteur, l'intensité i du courant de cet élément sera :

$$i = \frac{r + R}{E};$$

si n désigne le nombre des éléments, I l'intensité de la pile, la résistance R restant la même, on aura :

$$I = \frac{nE}{nr + R}$$

On voit donc que l'intensité I ne pourra égaler ni ; mais elle s'en rapprochera d'autant plus que la résistance r sera petite par rapport à R.

2° Couplage en quantité, ou en batterie. — Dans ce mode d'accouplement, on réunit les éléments par les pôles de même nom, c'est-à-dire + avec + et — avec — ; on réunit donc, dans ce cas, des éléments semblables en un seul autant de fois plus grand. (fig. 36)

Donc dans ce cas la force électromotrice de la pile sera la même que celle d'un élément ; et si nous recommencions les calculs faits pour le couplage en tension, nous montrerions que l'intensité de la pile se rapproche d'autant plus de ni que la résis-

Fig. 36.

tance R du conducteur est plus faible par rapport à celle de chaque élément.

3° Couplage mixte. — En combinant les deux modes d'accouplement que nous venons de décrire, on peut obtenir une pile qui a plus ou moins de tension ou plus ou moins de résistance. Ce mode d'accouplement s'appelle le couplage mixte (fig. 37).

Ainsi six éléments de Bunsen peuvent s'associer comme suit :

1° En groupant les éléments par trois en tension, de façon à avoir 2 groupes de 3 éléments ; on réunit ensuite ces 2 groupes en quantité, comme si chacun ne formait qu'un seul élément ;

2° En groupant les éléments par deux en tension, de façon à avoir 3 groupes de 2 éléments ; on réunit ensuite ces 3 groupes en quantité, comme si chacun ne formait qu'un seul élément.

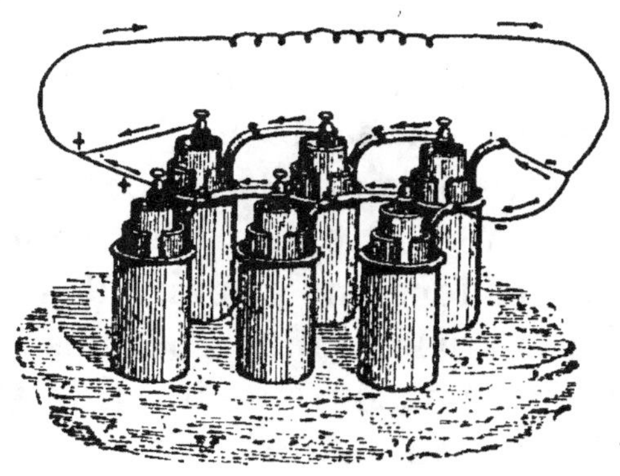

Fig. 37.

Emploi des piles. — Les piles ne sont plus guère employées que dans les laboratoires ou les petits ateliers. D'ailleurs voici ce que disait à ce sujet M. Bouilhet, au Congrès international des électriciens :

« Si le dépôt de nickel n'a repris faveur qu'en ces dernières années, ce n'est pas parce qu'on a trouvé des solutions meilleures et nouvelles, mais c'est parce que l'industrie a été mise en présence d'une source électrique meilleure, plus constante et infiniment meilleur marché que les piles ».

M. Bouillet voulait parler des machines électriques que nous allons étudier.

MACHINES DYNAMO-ÉLECTRIQUES

Tout le monde sait que les courants électriques développent le magnétisme dans le fer et dans l'acier. Réciproquement, les aimants font naître, dans les conducteurs métalliques formant circuit, des courants électriques instantanés nommés courants d'induction ou courants induits. C'est sur ce principe que s'appuie la construction des machines dites *machines d'induction*. D'une manière générale, ces machines sont formées d'un circuit fermé qui se meut avec une grande vitesse dans le champ magnétique ou zone d'influence d'un fort aimant ou bien d'un électro-aimant ; dans le premier cas, les machines sont dites *magnéto-électriques ;* dans le second cas, *machines dynamo-électriques*. L'aimant ou électro-aimant constitue le système inducteur ; le circuit fermé mobile, le système induit.

Nous ne nous occuperons ici que des machines dynamo-électriques.

Machines Gramme. — Le type des machines dynamos employées actuellement dans l'industrie est celui qui a été imaginé par Gramme (fig. 38), qui construisit la première machine dynamo-électrique.

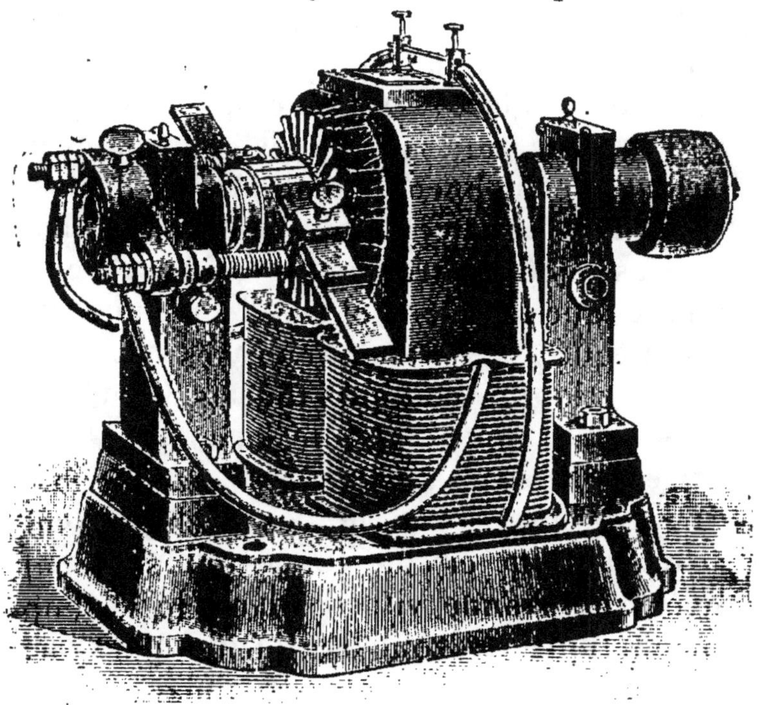

Fig. 38.

Nous allons décrire brièvement ce genre de machines. La partie essentielle consiste en un anneau de fil de cuivre recuit, garni d'une hélice en cuivre, isolée et enroulée sur toute l'étendue du fer. Les extrémités de cette hélice sont soudées ensemble de manière à former un fil continu. Des pièces de cuivre formant bras réunissent chaque tour de fil à la lame correspondante d'un collecteur cylindrique formé d'une soixantaine de bobines de fil. Des frotteurs ou *balais* viennent s'appuyer sur ce collecteur, en suivant une perpendiculaire à la ligne des pôles. C'est de cette façon que les courants développés dans l'anneau, par son mouvement de rotation devant les pôles d'un électro-aimant, sont recueillis.

Il est à remarquer que le courant électrique qui se développe dans l'anneau sous l'influence des électro-aimants est en même temps l'excitateur, celui qui met en jeu ces mêmes électro-aimants. Dans cette machine et dans les autres du même genre, c'est le courant qui fait l'aimant, et, réciproquement, l'aimant qui fait le courant, d'où leur nom de machines *auto-excitatrices* (s'excitant d'elles-mêmes).

C'est de la machine Gramme que dérivent un grand nombre de modèles de dynamos basées sur les mêmes principes de l'induction d'un anneau de fer entouré de cuivre. Il est vrai que cet anneau avait été inventé par Paccinoti, mais c'est Gramme qui, le premier, en fit une application pratique.

Machines Grauer. — Ces machines, représentées (fig. 39), donnent sous un petit volume un rendement considérable. Elles sont construites spécialement pour le nickelage, et répondent parfaitement au but pour lequel elles ont été créées. Leur

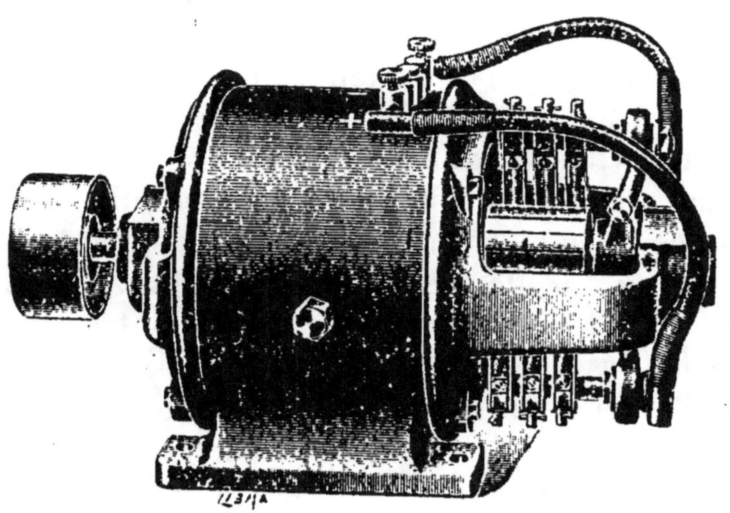

Fig. 39.

construction est solide et élégante. Elles sont munies de balais en charbon.

Installation et entretien des machines dynamos. — On doit les placer, autant que possible, dans un endroit frais· et bien ventilé et au milieu d'une atmosphère sèche pour diminuer leur échauffement et empêcher les pertes d'électricité. Il faut les fixer sur une base solide et interposer entre la machine et son massif de fondation une couche isolante de bois. C'est une bonne précaution, mais qu'on n'a pas besoin de prendre lorsqu'il s'agit de petites dynamos pouvant se fixer sur un établi, une table ou un socle en bois. On doit veiller à ce que la machine ne s'échauffe pas ; si elle s'échauffait, il faudrait diminuer la vitesse, qui serait trop grande, ou intercaler une résistance dans le circuit.

Les dynamos doivent être conservées dans un état de très grande propreté. Sur les parties isolantes les matières étrangères, les poussières métalliques, l'humidité même peuvent déterminer une dérivation et produire une déperdition du courant, tandis que dans les parties entre lesquelles doit exister un contact, comme les balais et le collecteur, par exemple, ces poussières pourraient nuire à la communication.

C'est surtout le collecteur qui exige la plus grande surveillance ; on le nettoiera en le frottant avec une brosse dure dans le sens de sa longueur. Les balais charbon se nettoieront avec de la toile carborundum.

Il faut caler les balais de façon qu'ils appuient suffisamment, mais pas trop sur

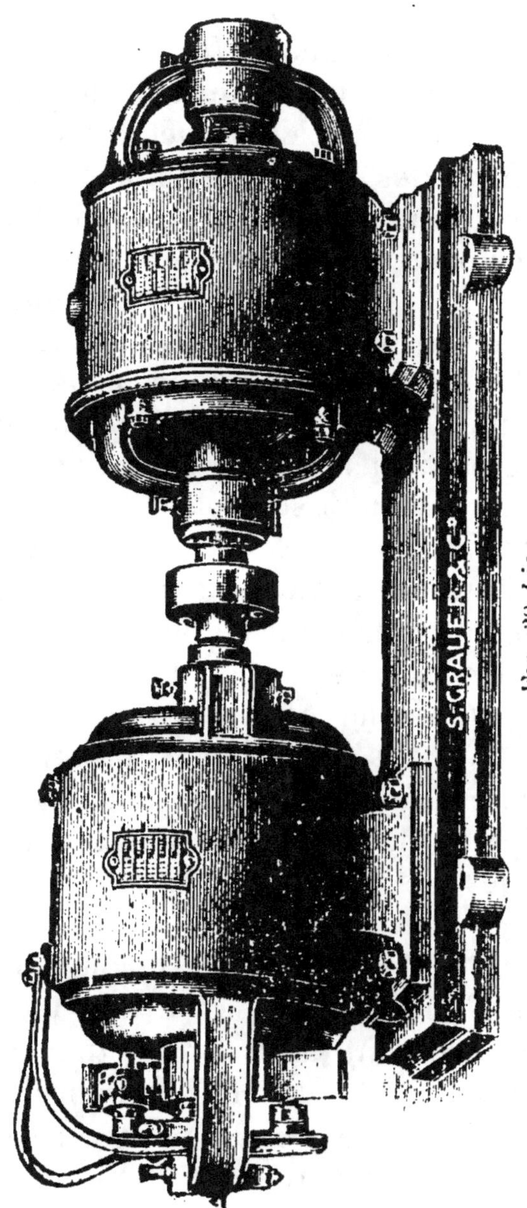

Fig. 39 bis.

le collecteur, et ne produisent pas d'étincelles ; on les avance au fur et à mesure de leur usure et au moyen de la vis de réglage.

Les meilleurs balais métalliques sont ceux en feuilles métalliques minces antifriction ; par leur frottement doux, ils n'usent que très peu le collecteur, qui est la pièce de la machine s'usant le plus. On peut remplacer cette pièce très facilement. Il est bon de nettoyer de temps à autre les balais métalliques avec de l'alcool ou du pétrole, mais il ne faut s'en servir à nouveau que lorsqu'ils sont parfaitement secs.

Il faut éviter avec soin qu'aucun objet métallique ne mette en contact les pôles opposés de la machine. Pour le graissage, il ne faut pas se servir de burettes en fer. Enfin, quand la machine est en marche, il ne faut pas détacher subitement les conducteurs du circuit : il faut arrêter la machine de peur d'endommager sérieusement les fils de l'armature.

Choix des dynamos. — Beaucoup de personnes s'imaginent qu'avec une machine dynamo servant à la production de la lumière on peut actionner un bain de nickelage, de cuivrage, etc. C'est une grave erreur. Les machines à lumière et les machines à galvanoplastie ne sont pas construites de la même manière. Les premières doivent donner une grande force électromotrice (110 volts ordinairement), elles ont une résistance intérieure considérable, c'est pourquoi on emploie du fil de cuivre de très petit diamètre pour les enroulements. Les machines à galvanoplastie, au contraire, doivent donner une faible force électromotrice (4 à 8 volts) et une grande intensité ; elles offrent très peu de résistance intérieure, et les enroulements sont faits avec du fil de cuivre d'un assez fort diamètre.

Lors donc qu'on aura à commander une dynamo, il faudra avoir soin de dire au fournisseur si on désire une machine à lumière ou une machine à galvanoplastie.

Dans ce dernier cas, il sera bon d'indiquer :

1° Le nombre, la nature et les dimensions des bains devant être actionnés par la machine ;

2° La surface moyenne des objets qui doivent se trouver dans les bains, ainsi que la nature du métal qui les constitue ;

3° La distance des bains à l'emplacement de la machine dynamo ;

4° L'évaluation en chevaux de la force motrice disponible.

Dynamos actionnées par un électro-moteur. — Dans les villes où il existe une station centrale d'électricité, il peut être avantageux d'employer l'électricité comme force motrice. Il suffit alors d'avoir un électro-moteur qui transmet la force électrique nécessaire pour faire tourner les transmissions actionnant les tours à polir et la machine dynamo devant servir à l'alimentation des bains de nickel et autres.

L'installation d'un électro-moteur est des plus simples, et les stations centrales d'électricité se chargent de la faire dans les conditions qu'exigent l'emplacement choisi, la force nécessaire, etc.

ACCUMULATEURS.

Outre les piles et les machines dynamos, il existe encore une autre source d'électricité que l'on peut employer pour actionner les bains galvanoplastiques. Nous voulons parler des accumulateurs.

Les accumulateurs, appelés aussi *piles secondaires*, ont été inventés par M. Planté. Il en existe aujourd'hui plusieurs systèmes plus ou moins perfectionnés.

Un accumulateur se compose ordinairement de lames de plomb parallèles, très rapprochées les unes des autres et baignant dans l'eau acidulée.

Les lames de rang pair et les lames de rang impair sont réunies par une tige métallique qui les met en communication avec la source électrique de charge, ordinairement une machine dynamo-électrique.

Les lames de plomb doivent être poreuses. Dès qu'on fait passer le courant de charge, l'eau acidulée se décompose, l'oxygène se porte sur les plaques positives, où il se fixe à l'état de peroxyde de plomb. Quand l'accumulateur est chargé, ce qui se reconnaît à un dégagement abondant d'hydrogène au-dessus des plaques négatives, on arrête le courant de charge.

L'accumulateur peut rester chargé très longtemps, tant que son circuit extérieur reste ouvert.

Si on ferme le circuit, il se produit aussitôt un courant de décharge ayant une force électromotrice de deux volts pour chaque accumulateur.

On peut accoupler entre eux les accumulateurs, absolument comme on le fait pour les piles.

Les accumulateurs possèdent ce grand avantage de pouvoir fournir, en un endroit quelconque et à un moment donné, le courant dont on a besoin ; malheureusement ils ont un poids considérable ; leur durée est limitée, leur prix est assez élevé et ils ne rendent qu'une partie de la force qui leur a été transmise.

APPAREILS DE MESURES ÉLECTRIQUES

Appareils pour mesurer l'intensité. — Ces instruments sont fondés sur l'action d'un courant sur un aimant. Ils comprennent les boussoles, les galvanomètres et les am-pèremètres.

Boussoles. — Il est inutile de décrire cet appareil connu de tout le monde. Si à l'aide d'une disposition particulière on place un fil parcouru par un courant électrique au-dessus ou au-dessous de l'aiguille d'une boussole, on constate aussitôt une déviation de celle-ci à droite ou à gauche, suivant la direction du courant, et cette déviation est d'autant plus prononcée que l'intensité du courant est plus grande.

Galvanomètres. — On les appelle aussi *galvanoscopes*. Ils se composent d'une boussole assez grande fixée sur un socle en bois. Sous le cadran de la boussole se trouve une petite bande de cuivre ou une petite bobine enroulée de fil très fin et reliée à deux bornes. Si on fait communiquer l'appareil avec un fil parcouru par un courant électrique, la déviation plus ou moins forte de l'aiguille indique le plus ou moins d'intensité du courant.

Pour les petits bains de nickel actionnés par des piles, on peut se servir du galvanomètre pour reconnaître l'existence du courant, car l'aiguille ne se dévie que si elle est sous l'influence du courant électrique. Quant à la mesure de l'intensité d'un courant, le galvanomètre ne fournit que des données très approximatives.

Si l'aiguille est peu déviée, on conclut qu'il y a un faible courant ; si la déviation est très accentuée, on conclut que le courant est plus intense ; ce n'est que par une série de remarques successives qu'on arrivera à être fixé sur la valeur relative des déviations observées.

Ampèremètres (fig. 40). — Ces instruments se composent essentiellement d'un ou deux aimants, entourant deux bobines galvanométriques formées de lames de cuivre rouge d'une épaisseur variable suivant les courants auxquels l'appareil est destiné. L'aiguille galvanométrique en fer doux est placée entre les deux pôles ;

elle est mobile autour d'un axe entre les deux bobines et se meut sur un cadran gradué en ampères. L'ampèremètre se place *directement dans le circuit.*

Pour les petites installations de nickelage, cet instrument n'est pas nécessaire ;

Fig. 40.

mais, pour les installations de quelque importance, il peut rendre de grands services.

Ce sont ces indications qui renseignent le nickeleur sur le degré de conductibilité de son bain.

Appareils pour mesurer la tension ou la force électromotrice. Voltmètres. — Ces appareils (fig. 41), comme leur nom l'indique, servent à mesurer la tension ou force électromotrice d'un courant en volts.

Leur construction est la même que celle des ampèremètres, mais la bobine, au lieu d'être formée de lames de cuivre ou de fil de cuivre très gros, est formée par un fil de cuivre fin et très long.

Le voltmètre se place en dérivation, c'est-à-dire qu'il faut relier à la borne de gauche le fil venant du pôle positif de la dynamo ou de la batterie de piles, et à la borne de droite le fil venant du pôle négatif.

Fig. 41.

Pour la bonne exécution du nickelage, qui dépend en partie du courant électrique, le voltmètre rend les plus grands services ; aussi il est *indispensable* à tout nickeleur ayant à cœur la réussite de son travail.

RHÉOSTATS OU RÉGULATEURS DE COURANT

Nous avons dit précédemment que les fils métalliques opposaient au passage du courant une résistance variable suivant la nature le dur métal, diamètre et la longueur du fil.

C'est cette propriété qu'on a utilisée dans la construction des rhéostats (fig. 42). On sait que plus un fil conducteur est long et fin, moins il possède de conductibilité et plus il oppose de résistance au courant. Comme on le voit dans la (fig. 42), un rhéostat se compose essentiellement de spirales de fil métallique de grosseurs et de métaux

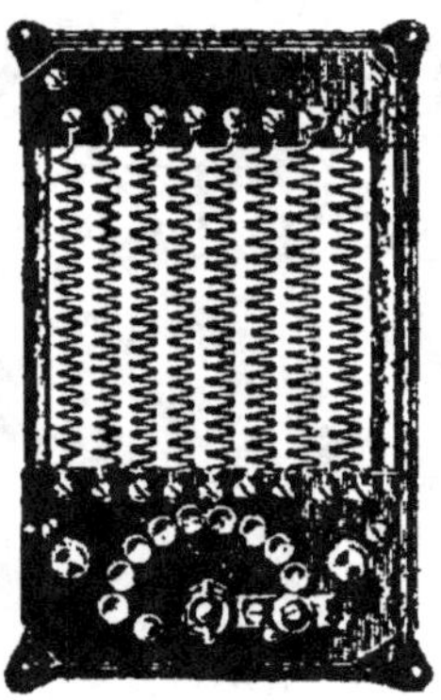

Fig. 42

différents, selon que l'on veut obtenir plus ou moins de résistance. Ainsi une spirale de fils de maillechort possède une résistance onze fois plus grande qu'une spirale de fils de cuivre rouge ayant la même longueur et le même diamètre. Le mécanisme de l'instrument est facile à comprendre :

' Le courant entre par la borne de gauche, qui communique avec la première spirale à gauche. Cette première spirale communique avec la deuxième et ainsi de suite. De plus, chaque spirale, à l'exception de la première, est reliée à un bouton ou pièce de contact. Ces boutons de contact sont disposés au bas du rhéostat en arc de cercle que peut parcourir une manivelle. Voyons maintenant ce qui se passe, si nous plaçons la manivelle sur un bouton de contact quelconque, le 3ᵉ par exemple ; le courant entre par la borne de gauche, suit la première, la deuxième et la troisième spirale, passe dans le 3ᵉ bouton de contact, suit la manivelle qui est reliée à la borne de droite et sort par cette dernière. De cette façon, le circuit a été allongé de la longueur des 3 spirales et, de ce fait, il s'est établi dans le courant une résistance dépendant de la longueur, du diamètre et de la nature du fil de ces spirales.

Si on plaçait la manivelle sur le dernier bouton de contact, on allongerait le circuit de toutes les spirales composant le rhéostat et on obtiendrait ainsi une plus grande résistance que précédemment. Donc, si on veut obtenir une résistance de plus en plus grande, on doit manœuvrer la manivelle progressivement de gauche à droite.

Le rhéostat peut aussi servir à interrompre le courant. Il n'y a qu'à laisser retomber la manivelle ou la mettre sur un bouton spécial, dit bouton d'arrêt. La communication est alors interrompue entre la borne de gauche et la borne de droite.

Utilité du rhéostat. — Que l'on travaille avec des piles ou avec une machine dynamo, le rhéostat est absolument indispensable. A chaque instant, on a besoin de régler le courant qui va dans les bains, car il faut une tension appropriée à la nature du métal que l'on nickelle, au nombre des objets, etc. Il est vrai qu'on peut à la rigueur diminuer le courant, en enlevant un élément si le bain est actionné par les piles ; on peut encore diminuer la surface des anodes, mais il est beaucoup plus simple d'obtenir immédiatement le résultat voulu par un simple mouvement de manivelle.

Dans une installation bien comprise il doit toujours y avoir un rhéostat spécial pour la machine dynamo et, en outre, un rhéostat pour chaque bain.

Les rhéostats se font en plusieurs dimensions, suivant la force de la machine dynamo qui fournit le courant. On fait aussi des rhéostats spéciaux pour les bains marchant avec des piles.

Fils conducteurs

Il y en a deux sortes : les fils que l'on emploie à nu et ceux que l'on emploie recouverts d'un enduit isolant. Les premiers sont en usage pour les bains de grandes dimensions nécessitant l'usage des machines dynamos à grand débit, les autres pour bains de dimensions ordinaires et pour les dérivateurs.

On ne peut pas prendre pour fil conducteur un fil d'un diamètre quelconque ; les dimensions se règlent d'après la longueur qu'ils doivent avoir et d'après la force du courant qu'ils ont à conduire. En général pour les courants de basse tension utilisés en galvanoplastie il ne faut pas faire passer plus de 2 ampères 1/2 par $^m/_m$ carré de section.

Dans la pose des fils, il faut éviter autant que possible les trop grands détours et les entrecroisements ; le fil positif doit toujours être placé parallèlement au fil négatif et à une petite distance ; quand il s'agit de fils recouverts, on peut les fixer aux parois des cloisons ou des murs avec de petits clous à crochets. Les conducteurs, en barres de cuivre ou en fils de gros diamètres, doivent également être placés parallèlement et à une distance d'environ 10 centimètres l'un de l'autre. Ils doivent être supportés par des isolateurs en porcelaine.

AGENCEMENT D'ATELIERS
CUVES POUR BAINS GALVANIQUES

Le choix des cuves dépend de la nature des solutions qu'elles doivent contenir et des dimensions que l'on veut donner aux bains. Pour le nickelage et le cuivrage, on peut employer les cuves en grès, les cuves en fonte émaillée et les cuves en bois.

Cuves en grès. — Ces cuves se font ordinairement de la forme représentée par la figure 43. Les plus petites ont 20 centimètres de longueur, 10 centimètres de largeur et 20 centimètres de profondeur ; leur contenance est de 4 litres. Les plus grandes ont $1^m,05$ de longueur, 55 centimètres de largeur et 60 centimètres de profondeur ; leur contenance est de 350 litres. Il n'existe pas dans le commerce de cuves ayant des dimensions supérieures à celles que nous venons d'indiquer en dernier lieu. Entre les plus petites et les plus grandes, il se fait une vingtaine de dimensions intermédiaires.

Les cuves en grès étant inattaquables aux acides conviennent pour toute espèce de solution. Malheureusement, elles offrent un inconvénient capital, c'est leur fragi-

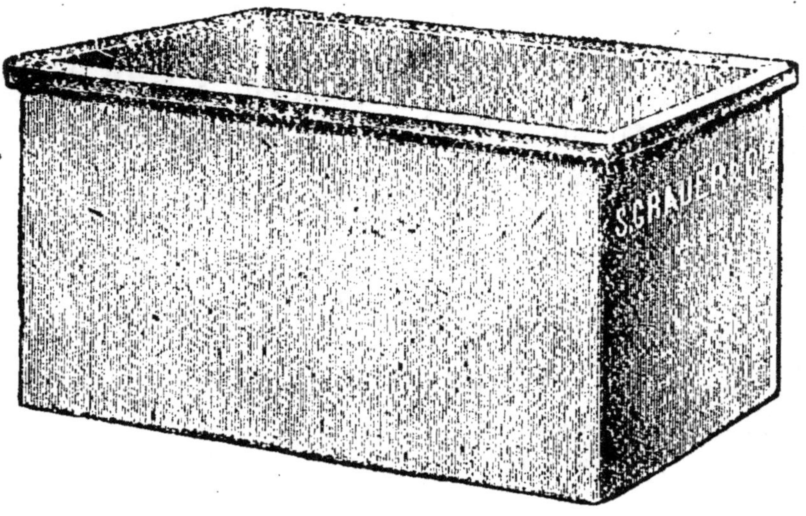

Fig. 43.

lité. Il arrive souvent qu'en cours de transport par chemin de fer, elles se brisent, bien qu'elles soient emballées soigneusement. Aussi nous ne les conseillerons que pour les bains de dimensions relativement petites, pour lesquels on ne pourrait pas se procurer d'autres récipients convenables. Cependant, pour les bains de décapage, qui contiennent des acides, il n'est pas possible de se servir d'autres cuves, sauf celles en ardoise.

Cuves en fonte émaillée et en tôle émaillée. — Quand il s'agit de bains qui fonctionnent à chaud, on ne peut prendre pour récipients que des cuves en fonte ou en tôle émaillée. Mais ce n'est pas le cas pour les bains de nickel. D'ailleurs, elles possèdent un double inconvénient. Si elles ne sont pas aussi fragiles que les cuves en grès, elles perdent facilement leur émail, qui s'écaille et met la fonte ou le fer à nu : le liquide du bain étant en contact avec le métal s'altère rapidement et devient hors d'usage. Enfin, leur prix est assez élevé, puisqu'une cuve en fonte de la contenance de 300 litres coûte environ 200 francs.

Les cuves en tôle émaillée sont, il est vrai, d'un prix un peu moins élevé et surtout moins fragiles.

Cuves en bois. — Ce sont maintenant les plus employées. Elles ont une durée considérable et leur prix de revient est modéré.

La forme adoptée généralement est celle que représente la figure 44. On fait aussi des cuves rectangulaires à bords arrondis, et des cuves de la forme ovale, mais elles sont moins pratiques. Pour la fabrication des cuves destinées à servir de récipients à des bains de nickel ou à des bains de cuivre, il n'est pas indifférent de prendre tel ou tel bois. Les bois qui contiennent beaucoup de tanin, comme le chêne, par exemple, doivent être rejetés. Cependant

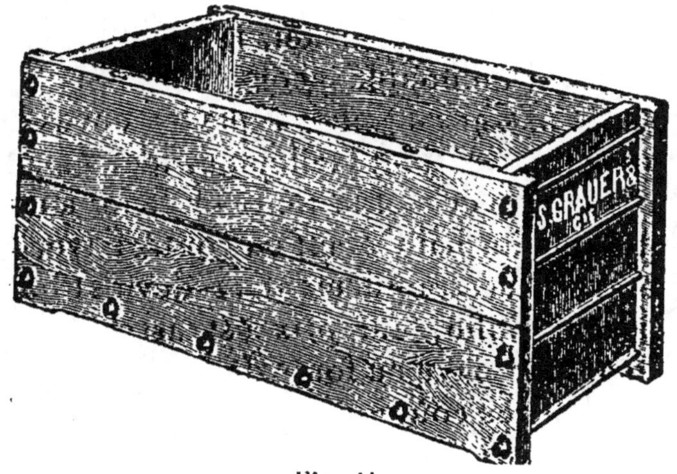

Fig. 44.

on peut à la rigueur se servir de cuves en sapin et même en chêne, pourvu qu'on les revête intérieurement d'un doublage ou revêtement inattaquable par le liquide des bains. On peut revêtir ces sortes de cuves d'un enduit de gutta-percha, mais la dépense de ce fait est assez considérable.

Un mélange de poix et de résine donne aussi de bons résultats; mais il est plus simple de se servir dans ce but d'un nouveau produit : le *bitume composition*. Comme son nom l'indique, il est à base de bitume : le prix de revient en est des plus modiques et l'application en est très facile en suivant les instructions que nous donnons page 132.

Cuves en pitchpin. — La cuve représentée par notre dessin (fig. 44), est en *pitchpin* de 50 à 75 millimètres d'épaisseur. Elle est construite avec le plus grand soin. La parfaite jonction des madriers qui forment les panneaux de cette cuve est assurée par des boulons et des écrous, de sorte que, si une fuite vient à se produire dans l'un des panneaux, il n'y a qu'à serrer les écrous des boulons correspondants pour y remédier immédiatement. Le pitchpin, ne contenant que très peu de tanin, n'a aucune action sur le bain de nickel, et la cuve fabriquée avec ce bois s'emploie sans aucune espèce de revêtement.

Ces cuves sont l'objet d'une fabrication spéciale, pour laquelle il faut un outillage *ad hoc* que ne peut posséder le premier tonnelier venu. Si on veut s'épargner des déboires, on fera donc bien de s'adresser, pour se les procurer, à un bon fournisseur pour installations de nickelage. Il y aura peut-être une légère différence de prix, mais elle sera largement compensée par la perfection du travail. On sera sûr, de cette façon, d'avoir une cuve de toute solidité et complètement étanche.

Cuves en sapin rouge de Suède. — Elles sont construites comme les cuves en pitchpin et servent aux mêmes usages ; mais la qualité du bois est inférieure à celle du pitchpin ; c'est pourquoi elles coûtent un peu meilleur marché.

Cuves en ciment. — Ces cuves se composent d'une maçonnerie en briques recouverte d'une couche de ciment de plusieurs centimètres. Leur emploi n'est à conseiller que comme bacs de rinçage et encore leur préférons-nous pour cet usage les bassins en ciment armé à plusieurs compartiments.

Cuves en bois doublées de bitume composition. — Ce genre de revêtement remplace avantageusement le doublage en gutta-percha et est surtout recommandé pour les liquides caustiques.

Instructions pour l'emploi du bitume composition

Fixer à l'aide de quelques pointes sur le bord de la cuve une planchette mince débordant à l'intérieur de 10 à 15 millim. suivant l'épaisseur du revêtement que l'on désire atteindre.

Coucher la cuve sur le flanc, de manière qu'elle soit dans un plan parfaitement horizontal.

Faire dissoudre la composition à feu nu dans un récipient quelconque en métal, en fer de préférence ; lorsque le tout est bien liquéfié, remuer doucement à l'aide d'une tringle en fer jusqu'à ce qu'il ne se produise plus de bulles.

Couler alors le bitume sur la paroi à recouvrir et laisser refroidir. Une fois la composition solidifiée, retourner la cuve et procéder de même pour l'autre grand côté. Doubler ensuite de même manière les deux petits côtés et terminer par le fond.

Faire les raccords dans les coins s'il est nécessaire avec un fer à souder ou à repasser.

Avoir soin de n'opérer que sur du bois parfaitement sec si l'on veut obtenir un doublage bien adhérent et éviter de couler le bitume trop chaud, ce qui déterminerait la formation de bulles qui, une fois crevées, mettraient le bois à nu.

Cuves en bois, doublées de feuilles de plomb. — Plusieurs auteurs recommandent d'employer comme revêtement, pour les cuves en bois ordinaire, au lieu de gutta-percha, de résine, etc., des feuilles de plomb d'une épaisseur de 3 millimètres, soudées ensemble avec de la soudure de plomb. Ce genre de revêtement ne peut convenir pour aucun bain galvanoplastique car il est attaqué par la plus grande partie des produits rentrant dans la composition de ces bains et forme avec eux des composés dont l'action presqu'inapréciable au début finit, à la longue, par rendre les bains complètement inutilisables.

TRINGLE DE SUSPENSION

Elles se placent sur les bains et servent à suspendre les anodes et les objets à nickeler. Pour les bains de petites dimensions, des tubes de laiton creux sont suffisants. Pour les grands bains, on emploie des tringles pleines dont le diamètre doit être calculé pour que les tringles ne fléchissent pas sous le poids des anodes ou sous celui des objets. Si les tringles doivent être placées sur une cuve en grès, on fera bien de mettre sur les bords, à chaque extrémité, une tringle de bois dans laquelle on pratiquera des entailles demi-circulaires pour recevoir les tringles de cuivre et les empêcher ainsi de rouler. Sur les cuves en bois, on pourra visser des isolateurs en porcelaine sur les bords de la cuve ou employer des tringles en bois comme nous venons de le dire. On réunit les tringles de suspension entre elles et aux fils conducteurs venant des piles ou de la machine dynamo au moyen de douilles en laiton, garnies de deux vis et appelées *presses à tringles.*

Outillage pour le dégraissage et le lavage.

Comme nous le verrons plus loin, avant de mettre les objets dans le bain de nickel, il faut, au préalable, les débarrasser de toute trace de graisse ou d'impuretés quelconques. Cette opération est des plus importantes et exerce la plus grande influence sur la réussite du nickelage. Elle comprend plusieurs phases, pour lesquelles il est indispensable d'avoir un outillage que nous allons énumérer succinctement.

Récipient pour dégraissage à la benzine. — On peut employer pour cela une terrine en fonte émaillée ou en fonte noire, mais il est préférable de se servir d'un récipient rectangulaire en tôle soudée à l'autogène, de faible profondeur, mais monté sur pieds en fer pour le mettre à hauteur convenable, et muni d'un couvercle hermétique pour éviter l'évaporation de la benzine ou de l'essence.

Lorsque l'on doit opérer sur de petites pièces il est bon d'utiliser un des appareils automatiques vendus pour cet usage par les maisons spécialistes.

Brosses pour benzine. — Ce sont de petites brosses et soies dures, à manche long ; elles sont étroites et ressemblent aux brosses à dents.

Caisse à sciure. — Une caisse rectangulaire quelconque, pourvu qu'elle soit bien jointe, peut remplir cet office. Mais pour contenir la sciure qui sert à sécher les pièces sortant du bain de nickel, il est avantageux de faire faire une caisse spéciale avec un double fond en tôle permettant ainsi de chauffer la sciure par l'adduction de vapeur d'eau provenant, s'il est possible, de la machine à vapeur qui fournit la force motrice.

Récipient pour potasse chaude. — Les pièces à nickeler doivent être trempées dans une solution de potasse caustique ou de potasse d'Amérique bien chaude. Le récipient destiné à contenir cette solution pourra être chauffé par la vapeur ou par un feu direct.

Dans les grands ateliers, on peut utiliser la vapeur provenant de la machine motrice ; il sera facile d'installer une conduite de vapeur aboutissant à une cuve en forte tôle ayant comme dimensions approximatives 1 m. 20 × 1 m. et 1 mètre de profondeur. La chaleur sera communiquée à la solution de potasse contenue dans la cuve par un serpentin placé à la partie intérieure. Il est nécessaire que ce serpentin soit en fer car, ceux en plomb ou en cuivre, sont attaqués par la potasse.

Si l'on n'a pas de vapeur à sa disposition, on aura alors recours au chauffage par feu direct. Le plus simple, en ce cas, est d'employer une chaudière en tôle soudée à l'autogène montée sur un fourneau portatif.

A la rigueur une buanderie en fonte noire peut convenir.

Cuve à eau chaude. — Même disposition que les cuves à potasse, mais les dimensions peuvent être moindres.

Cuve à eau froide. — Un cuvier ou un tonneau ordinaire suffisent pour cet usage.

Cuve à lavage. — Quand les pièces à nickeler ont été passées à la potasse, on leur fait subir, au moyen d'une brosse à main en soies et de chaux de Vienne pulvérisée, un lavage soigné suivi de plusieurs rinçages. On se sert à cet effet d'une cuve de sapin rouge, dont les dimensions varient suivant l'importance du travail à effectuer. Pour faciliter le travail on fera bien d'installer sur cette cuve, à trois ou quatre endroits, suivant le nombre de personnes occupées au lavage, une planche en bois avec rebords, garnie de drap à la surface, et placée en pente comme les planches dont se servent les lessiveuses.

L'eau de lavage devant être renouvelée assez fréquemment, on fera placer, un peu au-dessus de la cuve, un robinet qui amènera l'eau. Dans un angle de la cuve, on installera un tube permettant l'écoulement facile du trop-plein. Si l'on n'a pas de robinet pour amener l'eau, on prendra telles mesures que l'on jugera convenables pour renouveler l'eau de la cuve le plus souvent possible.

Un bassin en ciment armé à plusieurs compartiments convient également très bien pour cet usage.

DÉGRAISSAGE ET CUIVRAGE ÉLECTRIQUES

(Voir page 169)

ACCESSOIRES DIVERS

Outre l'outillage et les produits que nous avons décrits, un bon nickeleur, s'il veut arriver à la parfaite exécution du travail qui lui est confié, doit encore avoir sous sa main différents accessoires que nous allons faire connaître en peu de mots.

Avant de passer les pièces à la potasse (nous ne parlerons ici que des pièces de petites dimensions), on les attache avec du *fil de laiton mou*. Ce fil servira aussi pour les attacher aux tringles du bain.

Pour transvaser des liquides d'un récipient dans un autre, on emploiera des entonnoirs en grès ; pour transporter des acides, vider un bain, etc., on se servira de *cruches en grès*.

Pour puiser dans un bain, pour prendre de petites quantités de liquides quelconques, acides ou autres, on emploiera *les poêlons en grès*.

Par suite des poussières et des impuretés qui, malgré toutes les précautions, se déposent à la surface des bains, il est nécessaire, de temps à autre, de filtrer la partie supérieure du bain. On fera cette opération très facilement en suspendant à une tringle de bois placée au-dessus du bain un *filtre en feutre* de 3 à 5 litres de contenance. Le filtrage se fait ainsi très rapidement et sans interrompre le travail. Pour obtenir un bon résultat, il est toutefois utile de mettre à tremper ce filtre dans l'eau deux ou trois heures à l'avance.

La sciure, dans laquelle on sèche les objets polis ou nickelés, doit être fine et régulière : étant trop grosse, elle pourrait rayer les objets ; on évite cet inconvénient en la passant avec un *tamis en fil métallique*.

Après avoir travaillé quelque temps, un bain de nickel accuse un excès d'acidité ou d'alcalinité. Pour reconnaître cet état, on emploie les *papiers de tournesol bleu et rouge*. On doit avoir toujours une provision de ces papiers, et comme ils pourraient s'altérer par suite des vapeurs ou des émanations qui se dégagent des bains de décapage ou autres employés dans le nickelage, il sera prudent de les conserver dans un vase de verre bien bouché ; on séparera le papier rouge du papier bleu.

Le bain de nickel, si l'on veut qu'il produise un dépôt régulier, doit être maintenu dans le même état de saturation. Il ne doit contenir ni trop, ni trop peu de sels de nickel. C'est au moyen de l'*aréomètre* ou *pèse-sel* que l'on peut constater les variations de densité auxquelles il est ensuite facile de remédier, soit par l'addition de nouveaux sels si le bain s'est appauvri, soit par l'addition d'eau si le bain s'est trop concentré.

Il arrive parfois qu'un objet suspendu à une tringle du bain se détache et tombe au fond du bain. Le rattraper n'est pas toujours très facile. On y parviendra sans trop de difficultés à l'aide d'une *épuisette*, comme celle dont sont munis les pêcheurs ; mais elle devra être à mailles très serrées. S'il s'agit d'un petit objet en fer, on pourra encore le ramener en promenant au fond du bain un *aimant* fixé au bout d'un bâton de longueur suffisante.

Le nickeleur devra en outre avoir à sa disposition une *pince coupante* pour couper le fil de laiton, du *papier de verre* ou de la *toile émeri* pour le nettoyage des contacts et des tringles et une provision suffisante de fil de *cuivre* de 4 à 5 millimètres de diamètre pour crochets de suspension.

Pour parer à toute éventualité, le nickeleur aura aussi une petite provision de tous les produits employés dans le décapage, le lavage et le nickelage proprement dits. Tous ces produits devront être conservés soigneusement et mis sous clef, autant que possible, car, plusieurs d'entre eux étant vénéneux, une imprudence pourrait causer un accident regrettable.

Voici la liste des principaux produits nécessaires : *acide azotique à* 36°, *acide sulfurique à* 66°, *acide chlorhydrique ou muriatique, suie calcinée, potasse caustique* qu'on peut remplacer, si l'on veut, par la *potasse d'Amérique, chaux de Vienne pulvérisée, craie lavée, ponce pulvérisée, sels de nickel, acide citrique, ammoniaque liquide, solution de soude caustique purifiée à 10 %, sel excitateur, sel à amalgamer pour le zinc des piles, cyanure de potassium, benzine ou essence minérale, sciure fine.*

INSTALLATION DES BAINS DE NICKEL

1° **Installation avec piles.** — Après avoir préparé la solution du bain de nickel, comme nous l'indiquerons page 205, et l'avoir versée dans la cuve destinée à la recevoir, on place sur la cuve les tringles de suspension qui devront dépasser de quelques centimètres de chaque côté. Suivant la largeur de la cuve, on emploie 3 ou 4 tringles. Dans le premier cas la tringle du milieu sert pour les objets et les deux autres pour les anodes; dans le second cas, les deux tringles du milieu servent pour les objets et les deux autres pour les anodes. On doit relier entre elles, au moyen de fil conducteur et de presses à tringles, les tringles destinées au même usage. A l'extrémité libre d'une tringle à anodes, on adaptera une presse à tringle et, dans cette presse, le fil conducteur de longueur variable qui reliera le bain au pôle positif de·la pile (charbon).

De même à l'extrémité de la tringle à objets ; mais cette fois le fil conducteur sera relié au pôle négatif de la pile (zinc).

On intercale alors un rhéostat dans le trajet du fil conducteur qui se rend aux anodes. L'attache se fait de la façon la plus simple au moyen des bornes placées à gauche et à droite de cet instrument qui sera placé verticalement.

Un voltmètre placé sur une petite planchette, qu'on pourra fixer au mur, sera intercalé entre les deux conducteurs, la borne de gauche étant reliée au fil allant aux anodes et celle de droite au fil allant aux objets

Lorsque ces préparatifs sont terminés, on remplit les piles en suivant minutieusement les prescriptions indiquées page 91. On attache alors le fil conducteur venant des anodes à la pince de charbon d'un des éléments et le fil conducteur venant des objets à la pince à zinc de l'autre élément. Le circuit est alors fermé et le courant pénètre dans le bain.

En plaçant les tringles, on suspend en même temps les anodes par des crochets en fils de nickel ; quant aux objets, on ne doit les mettre au bain que lorsque le circuit est fermé, c'est-à-dire lorsque le courant est en marche.

Nous donnons (fig. 45) le croquis d'une installation avec deux éléments Bunsen, faite dans ces conditions.

Installation avec dynamo. — Pour l'installation de la dynamo, nous renvoyons le

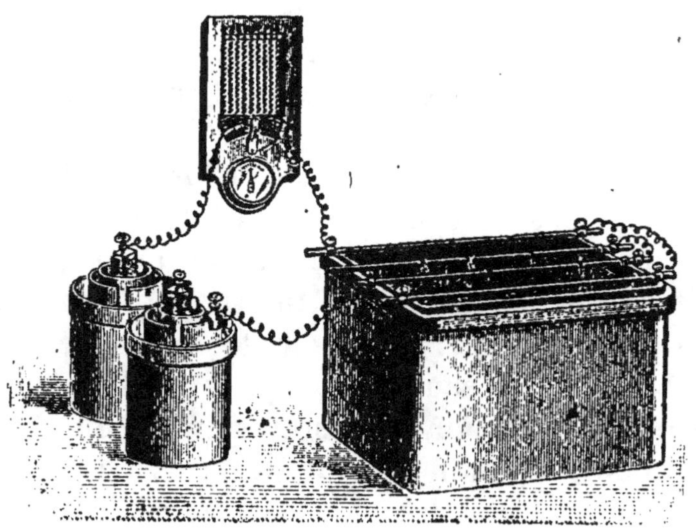

Fig. 45.

lecteur à ce qui a déjà été dit ; quant aux bains, on prépare les tringles, les anodes, les presses à tringle, comme nous l'avons indiqué en parlant de l'installation avec piles, c'est-à-dire que les tringles supportant les anodes sont reliées au pôle positif (+) de la machine et celles supportant les objets sont rattachées à son pôle négatif (—).

Si les bains ont de grandes dimensions et s'ils sont profonds, il faudra, pour faciliter la manipulation des anodes et des objets, placer de chaque côté du bain une sorte de marchepied, élevé de 15 centimètres environ. On devra toujours pouvoir circuler librement autour du bain. La distance entre plusieurs bains, placés à la suite les uns des autres, doit être assez grande pour qu'on puisse également circuler sans gêner le travail.

Dans une installation bien ordonnée, il faut un rhéostat spécial pour la dynamo, ainsi qu'un voltmètre et un ampèremètre. Nous avons dit que le voltmètre se place en dérivation et l'ampèremètre dans le circuit. Avec un seul bain, il n'est pas nécessaire d'avoir un rhéostat supplémentaire pour le bain ; celui de la dynamo suffit. Avec plusieurs bains qui travaillent souvent sous des régimes différents, il est indispensable d'avoir, pour chaque bain, un rhéostat et un voltmètre ou un tableau complet avec rhéostat, ampèremètre et voltmètre, indépendamment du rhéostat d'excitation de la dynamo.

Lorsque tous les fils conducteurs ont été rattachés aux bains, aux rhéostats, aux voltmètres et à la dynamo, on peut mettre en marche pour faire l'essai du bain de nickel

On suspend à la tringle des objets une pièce en cuivre, bien décapée : si le courant est bien établi, si tout est en ordre, elle doit se recouvrir de nickel dans l'espace de 2 ou 3 minutes. Si, au bout de ce temps, on ne voyait apparaître sur le cuivre aucune trace de nickel, c'est que, probablement, il y aura eu erreur dans la disposition des anodes et des objets. On aura attaché les anodes au fil négatif et les objets au fil positif. Il n'y aura donc qu'à adopter la disposition contraire ; on sait que dans les piles le fil relié au charbon est le fil positif ; mais dans les dynamos, on ne peut pas se guider de la même manière, à moins que le constructeur n'indique par une marque spéciale la borne du fil positif et celle du fil négatif. En tout cas, l'épreuve que nous venons d'indiquer est concluante pour distinguer les fils.

La figure 46 représente un croquis de la disposition généralement adoptée pour une installation comprenant dynamo, bain de nickel et bain de cuivrage et bain de dégraissage.

Les exigences du dessin nous ont obligé d'exagérer la dimension de la dynamo en comparaison de celle des bains Il est évident qu'il ne peut y avoir de règle absolue pour la disposition des installations ; elle

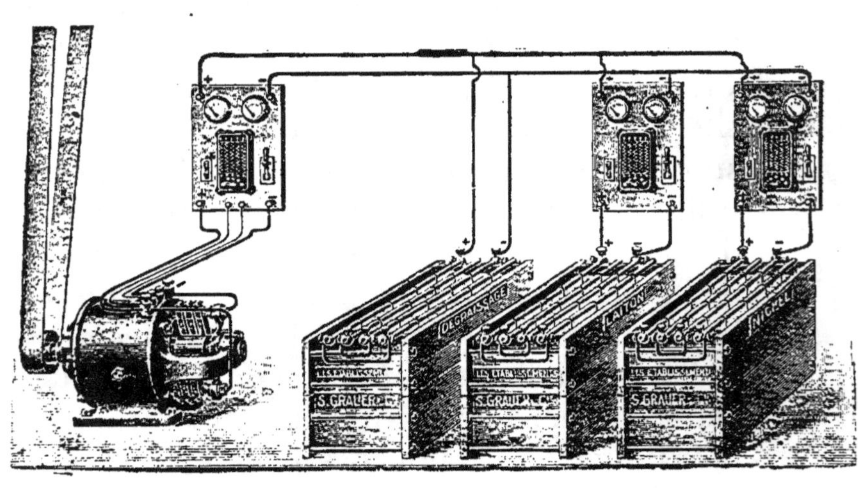
DEGRAISSAGE
LAITON
NICKEL
LES ETABLISSEMENTS
S. GRAUER & Cie
LES ETABLISSEMENTS
S. GRAUER & Cie
LES ETABLISSEMENTS
S. GRAUER & Cie

est ordinairement subordonnée à la situa-
tion des locaux, à leurs dimensions, etc.
Aussi croyons-nous devoir conseiller, aux
personnes qui désirent monter une installation de nickelage, d'envoyer au fournisseur qu'ils auront choisi un croquis coté de
l'emplacement arrêté par eux.

De cette manière, le fournisseur, s'il est
compétent, pourra leur indiquer le moyen
de tirer le meilleur parti de leur emplacement.

En général, on devra choisir, pour y installer soit un atelier de polissage, soit un
atelier de nickelage, des locaux bien aérés
et bien éclairés.

Une séparation complète règnera entre
l'atelier de polissage et l'atelier de nickelage, pour éviter que les poussières du polissage aillent se déposer à la surface des
bains. Les opérations du nickelage exi-
geant l'emploi fréquent et abondant de
l'eau, on devra, pour éviter les détériora-
tions causées par l'humidité, faire cimen-
ter le sol de l'atelier ou mieux le faire recouvrir d'asphalte, en ayant soin d'établir
une pente et, au besoin, des rigoles pour
l'écoulement des eaux de lavage. Ces re-
commandations s'appliquent aux ateliers
dans lesquels on fait un travail continu du
matin au soir ; elles peuvent être omises

pour ceux dans lesquels on ne nickelle que de temps en temps.

On devra prendre les précautions nécessaires pour éviter les accidents possibles ; ainsi on protégera la dynamo par une sorte de paravent mobile en bois, car les femmes occupées au lavage dans l'atelier pourraient avoir leurs robes prises par la courroie de transmission. On renfermera soigneusement sous clef les produits chimiques dangereux. La chaux de Vienne, dont on se sert pour le dégraissage, devenant caustique à la longue, on munira de gants ou de doigtiers en caoutchouc les personnes chargées de ce travail. En un mot, on observera minutieusement toutes les prescriptions hygiéniques.

PRÉPARATION DES PIÈCES

CONDUITE DES OPÉRATIONS

Après avoir traité tout ce qui concerne le matériel, l'outillage et les produits employés dans le nickelage, nous allons maintenant entrer dans le détail des opérations nécessaires pour l'exécution d'un travail fini et irréprochable ; nous les décrirons successivement en donnant à chacune l'importance qui lui convient.

Nous avons la ferme conviction qu'en se conformant strictement aux conseils pratiques contenus dans ce chapitre et les suivants, toute personne non initiée aux opérations du nickelage arrivera promptement à se familiariser avec les différentes manipulations et à acquérir l'habileté qui n'est ordinairement obtenue qu'après un long apprentissage et des essais multiples et souvent infructeux.

Tout objet destiné à être nickelé doit, en général, être soumis aux opérations suivantes :

1° Polissage ;
2° Attachage des pièces ;
3° Décapage et dégraissage ;
4° Cuivrage ;
5° Nickelage ;
6° Avivage ou brillantage
7° Nettoyage final.

Nous les passerons en revue l'une après l'autre.

POLISSAGE

Plus le poli d'un objet sera fini, plus la couche de nickel déposée aura de brillant, et plus l'objet lui-même aura un aspect élégant. Le polissage doit être exécuté avec le plus grand soin. Dans la première partie de ce Manuel nous avons décrit l'outillage et les procédés employés couramment dans ce genre de travail ; nous n'y reviendrons donc pas ici.

Le nickelage sur des surfaces brutes ne donne qu'un dépôt mat, accentuant, au lieu de les cacher, les défauts qui peuvent exister sur les objets. Aussi nous ne saurions trop insister sur la nécessité de polir toutes les pièces destinées à être nickelées, si l'on tient à un travail vraiment beau.

Il faut accorder d'autant plus d'attention au polissage qu'on s'imagine à tort que cette opération peut être faite par le premier venu.

En effet, n'importe qui peut, à la rigueur, donner quelques coups de lime à un objet quelconque et le débarrasser de la rouille au moyen de la toile émeri ; mais pour polir véritablement des objets, c'est-à-dire leur donner un poli comme celui des lames de rasoirs, il faut avoir recours à des ouvriers polisseurs. Cependant, nous devons reconnaître qu'avec un bon outillage et des produits de première qualité, un ouvrier quelconque, s'il veut bien suivre les procédés que nous avons indiqués, arrivera, en peu de temps, à polir convenablement, à condition qu'il n'ait pas à polir une trop grand variété d'objets ; en effet, chaque objet exige un petit tour de main qu'on ne peut acquérir que par habitude

Nous rappelons qu'une pièce ne peut être considérée comme bien polie que lorsqu'il n'y reste aucune trace de traits laissés par la lime, par la meule émeri ou par les meules émerisées. La surface doit en être lisse, unie et brillante. Il faudra donc examiner soigneusement les pièces avant de les donner au nickelage.

Les objets sortant de l'atelier de polissage sont presque toujours recouverts de matières grasses provenant des produits employés. Avant de les soumettre au dégraissage par le bain de potasse, on leur fait subir un *dégraissage sommaire*, au moyen de la benzine ou de l'essence minérale. On laisse tremper les objets pendant quelques minutes dans un récipient ou terrine contenant de la benzine ; on les brosse ensuite avec de petites brosses en soies dures, et on enlève l'excès de benzine resté sur les objets en les plongeant dans la sciure, sciure qui ne doit servir qu'à cet usage. On les débarrasse de la sciure qui s'est attachée à eux, en les frappant simplement contre les parois de la caisse, ou à l'aide d'une brosse à longues soies, comme en emploient les boulangers pour brosser le pain.

ATTACHAGE DES PIÈCES

Avant le dégraissage, il est prudent, pour pouvoir suspendre les pièces dans le bain de potasse, et pour pouvoir les brosser ensuite sans les toucher avec la main, il est prudent, disons-nous, de les attacher avec du fil de laiton mou et d'en faire, surtout pour les petits objets, des sortes de chapelets que l'on puisse saisir facilement avec un crochet. On emploie pour cela du fil de laiton de 2 ou 3 grosseurs différentes suivant le poids des pièces. L'attachage se fait généralement sur une table en bois, de longueur et de largeur suffisantes pour pouvoir y étaler les pièces. On fera bien d'établir, au-déssus de cette table, une tringle en bois, soutenue par deux montants fixés aux pieds de la table. A cette tringle, on suspend les pièces attachées ; on ne les retire que pour les mettre dans le bain de potasse chaud. L'attachage doit être fait avec soin, pour que les objets ne puissent pas se détacher et tomber soit dans la potasse, soit dans le bain de nickel.

D'un autre côté, il faut éviter de serrer trop le fil de laiton, car, au sortir du bain de nickel, la trace du fil serait indiquée sur l'objet par un trait noir.

Lorsque les objets à attacher sont très petits et nombreux comme les vis, rivets, boucles, etc. . on fait avec avantage usage d'une machine automatique vendue par les spécialistes.

DÉCAPAGE ET DÉGRAISSAGE.

La composition des bains de décapage varie suivant la nature des métaux à décaper et suivant qu'il s'agit de pièces brutes ou de pièces polies. Nous nous ocuperons d'abord du décapage des pièces brutes.

DÉCAPAGE DES PIÈCES BRUTES

1° **Fonte et fer forgé.** — On les plonge dans un bain composé de :

Acide sulfurique à 66°	2 kg.
Eau.	30 litres

Pour préparer ce bain, il faut verser lentement l'acide dans l'eau et par petites quantités à la fois ; si l'on versait l'eau dans l'acide, il se produirait un échauffement considérable, et le liquide pourrait être projeté violemment au dehors.

On laisse les pièces dans ce bain jusqu'à ce que la couche d'impureté qui se trouve à leur surface soit complètement enlevée. On peut faciliter l'opération en frottant de temps en temps les pièces avec du sable ou de la pierre ponce, cela abrège la durée de l'immersion dans le bain. Au sortir du bain de décapage, on les rince dans une eau contenant un peu de potasse ou de soude caustique, on les trempe dans l'eau chaude et on les sèche dans la sciure.

Le décapage au moyen des acides dilués donne ordinairement aux objets en fer une coloration noire. Nous donnons ci-dessous la composition d'un bain de décapage qui, au lieu de noircir les objets, les blanchit :

On mélange 20 litres d'eau avec 1 kg. 600 d'acide sulfurique concentré ; on y fait dissoudre 120 grammes de zinc et on y ajoute 720 grammes d'acide azotique.

2º **Zinc.** — On décape rarement le zinc, à moins qu'il ne soit fortement oxydé. Le décapage se fait alors à l'aide des acides sulfurique ou chlorhydrique dilués ; on y trempe les objets en zinc et on les brosse avec de la ponce finement pulvérisée.

Voici la formule d'un bain de décapage

pour le zinc qui donne d'excellents résultats :

```
Acide sulfurique à 66°.  .      10 kg.
Acide azotique.  .   .   .   .   10 kg.
Sel gris.  .   .   .   .   .   . 100 gr.
```

Il suffit de tremper les objets dans ce bain pendant une seconde et de les rincer vivement dans plusieurs eaux.

3° Cuivre, laiton, bronze et maillechort. Lorsque ces objets doivent être polis, on les décape d'abord dans un bain d'acide sulfurique au 20° (1 kilogr. d'acide sulfurique pour 20 litres d'eau), on les blanchit ensuite dans le bain suivant, appelé bain de blanchiment ou *bain de blanc.*

```
Acide sulfurique à 66°.  .   .      7 kg. 500
Acide azotique à 36°  .   .   .    15 kg.  »
Sel gris.  .   .   .   .   .   .   150 gr.  »
Suie calcinée.  .   .   .   .   .  150 gr.  »
```

On trempe les objets dans ce bain *en les agitant vivement* pendant quelques secondes, juste le temps nécessaire pour qu'ils blanchissent, et on les rince immédiatement dans plusieurs eaux. Cette opération doit se faire très promptement.

Les soudures faites à l'étain deviennent noires dans le bain de blanc ; on les blanchit en les grattant ou en les frottant avec de la ponce.

Dans la préparation du bain de blanc, on verse d'abord dans la cuve en grès qui doit le contenir l'acide azotique et ensuite l'acide sulfurique. Il se produit rapidement une forte élévation de température. Aussi fera-t-on bien de laisser reposer le bain plusieurs heures avant de s'en servir.

Décapage des pièces polies. — Ce décapage, ou plutôt ce blanchiment, ne se fait que pour *le cuivre, le laiton et autres alliages du cuivre*, lorsque les objets doivent rester tels quels ou être soumis immédiatement à l'action d'un bain de nickel vif.

On pourrait, à la rigueur, employer dans ce but le bain de blanchiment dont nous venons de donner la formule, mais il est préférable de scinder l'opération en deux et de tremper les objets d'abord dans un bain préparatoire et ensuite dans un bain de blanchiment spécial.

Le bain préparatoire devra se composer de :

Acide nitrique à 36° . . .	20 kg.
Sel gris	100 gr.
Suie calcinée	200 gr.

On laisse les objets dans ce bain quelques secondes seulement, le temps nécessaire pour enlever la crasse ou les autres impuretés qui peuvent se trouver à la surface des objets ; on les trempe ensuite dans l'eau *bouillante* pour qu'ils sèchent rapidement et on les plonge vivement en les agitant dans le bain de blanc suivant :

Acide azotique à 40° . . .	15 kg.
Acide sulfurique à 66°. . .	20 kg.
Sel gris	200 gr.

Autant que possible, le bain de blanc ne doit jamais contenir d'eau ; on ne devra donc y mettre les objets sortant du bain préparatoire qu'après que ceux-ci auront été plongés dans l'eau chaude et bien secoués.

La durée de l'immersion dans le bain de blanc ne doit être que d'une seconde ou deux, les objets ne font, pour ainsi dire, que traverser le bain. Immédiatement après, on les rince à plusieurs eaux.

Les objets blanchis destinés à être nickelés doivent, aussitôt après le rinçage, être mis dans le bain ; si cela n'est pas possible, on les suspend dans un récipient contenant de l'eau pure, de manière qu'ils soient recouverts complètement. De cette façon, ils sont soustraits à l'action de l'air, qui les ternirait. Quant aux objets blanchis qui doivent demeurer tels quels, on les passe rapidement dans une solution de tartre, on les plonge dans l'eau bouillante et on sèche avec de la sciure très fine.

Précautions à prendre pour les bains de décapage. — Comme récipients pour les bains de décapage, on prendra des cuves en grès inattaquables aux acides ; cependant, pour les bains qui ne contiennent que de l'acide sulfurique dilué, c'est-à-dire mélangé avec au moins 15 ou 20 fois son poids d'eau on pourra se servir de cuves en bois ; une moitié de tonneau peut suffire au besoin.

Il faudra toujours attacher solidement, avec du fil de laiton, les objets soumis au décapage, de façon qu'en les tenant avec un crochet, on puisse les plonger complètement dans le bain. Inutile de dire qu'il est dangereux de tremper les mains dans les bains de décapage, à l'exception de ceux qui ne contiennent que de l'acide sulfurique très dilué.

Les bains de décapage émettent des vapeurs qui peuvent compromettre la bonne réussite du nickelage ; on fera donc bien de les munir d'un couvercle fermé hermétiquement, et de placer ces bains soit à l'air libre, sous une espèce de hangar ou

d'appentis, soit dans un local séparé, muni
d'une cheminée d'aspiration.

Lorsque les bains de décapage sont de-
venus moins actifs, on les régénère en y
incorporant à nouveau, et dans les mêmes
proportions, une certaine quantité des produits qui entrent dans leur composition.

Avant de soumettre un objet au déca-

Fig. 47.

page, il faut s'assurer qu'il ne contient pas
de traces de graisse ; pour cela on le dégraissera préalablement à la benzine et
au bain de potasse.

Au lieu d'employer des cuves rectangulaires, il est quelquefois plus commode, suivant la forme et les dimensions des objets,
de prendre des capsules en grès (fig. 47).

Nous avons dit que l'on devait attacher,
avec du fil de laiton, les objets à décaper ;
pour les petits objets dont l'attache de-

manderait beaucoup de temps, on les met
simplement dans une passoire de grès
(fig. 48 et 49), qu'on agite circulairement

Fig. 48.

en la plongeant dans le bain pour que les
objets soient en contact avec le liquide sur
toutes leurs faces. Ces passoires servent

Fig. 49.

également pour suspendre les petits objets
dans la solution de potasse dont nous
parlerons plus loin. Les touries d'acide
sont parfois très fragiles, leur forme et

leurs poids empêchent de les manier facilement. Il faut donc user des plus grandes
précautions pour ne pas les briser et éviter

Fig. 50.

que l'acide ne se répande sur les vête-
ments ou sur quelque partie du corps.

Lorsque l'on est seul et que l'on veut
prendre de l'acide dans une tourie, on se

trouve très embarrassé. Avec le vide-touries, représenté figure 50, la chose est des plus faciles ; une simple pression du pied fait couler l'acide dans le vase que l'on veut, sans qu'il soit besoin de déplacer la tourie. Nous ne saurions trop recommander l'emploi de cet appareil, qui évitera bien des accidents fâcheux.

Dégraissage. — Nous voici arrivés à une opération des plus faciles et des plus simples, mais en même temps *la plus importante* pour la bonne réussite du nickelage, et c'est précisément sa simplicité qui fait qu'on ne lui accorde pas l'attention qu'elle exige ; la plupart du temps, on se contente d'un dégraissage sommaire, sans se douter que, pour cette opération, il faut les soins les plus minutieux. En effet, un objet destiné à être nickelé ne doit pas conserver la moindre trace d'impureté, le simple contact de la main suffit pour y laisser une tache visible après le nickelage. Si on met dans un bain de nickel un objet mal dégraissé, il se recouvre de nickel comme les autres objets, mais aux endroits où il se trouve encore des traces de graisse, si légères qu'elles soient, la couche de nickel n'est pas adhérente, et, au moment de l'avivage, elle se boursoufle, s'écaille et s'enlève. On attribue alors cet insuccès, soit au bain dont la composition serait, dit-on, défectueuse, soit au courant électrique qui serait ou trop fort ou trop faible, tandis que le véritable coupable est l'ouvrier chargé du dégraissage et qui n'a pas mis à cette opération tout le soin voulu. Aussi répéterons-nous encore, sans crainte d'être taxés d'exagération : *Le dégraissage est l'opération la plus importante du nickelage.*

Pour enlever la plus grande partie des matières grasses qui sont restées adhérentes aux objets venant d'être polis, on les dégraisse sommairement à la benzine. Après les avoir séchés à la sciure, on les attache avec du fil de laiton et on les suspend dans une solution de potasse très chaude, où on les laisse pendant un certain temps.

Bain de potasse. — Le récipient doit être disposé de façon à être chauffé soit directement, soit par la vapeur. La solution qu'il doit contenir se compose de 10 kilogrammes de potasse caustique ou de potasse d'Amérique pour 100 litres d'eau.

Il n'est pas nécessaire que cette solution soit maintenue bouillante ; mais plus elle est chaude, plus elle est efficace. En travers de la cuve à potasse, on place plusieurs tringles de bois ou de fer pour y suspendre, au moyen de crochets, les objets à dégraisser, qu'on a préalablement attachés avec du fil de laiton. Ceux de petite dimension se mettent simplement dans une passoire de grès à anse, que l'on suspend également aux tringles avec un crochet.

Les objets doivent être recouverts entièrement par la solution de potasse. La durée de l'immersion est variable : une demi-heure environ pour le fer, l'acier et la fonte ; un quart d'heure pour le cuivre et le laiton, et sept ou huit minutes pour le zinc, l'étain, le plomb et le métal anglais.

La solution de potasse a pour effet de saponifier les matières grasses qui se trouvent sur les objets et, par conséquent, de les rendre solubles dans l'eau. Au lieu de potasse caustique, on emploie, avec un égal succès, la soude caustique.

Pour empêcher que les vapeurs produites par la température élevée à laquelle on maintient la solution de potasse ne se répandent dans l'atelier de nickelage, ce qui serait un obstacle à la bonne exécution du travail, on installera, au-dessus de la cuve ou de la chaudière servant de récipient, une hotte en bois avec une cheminée faisant tirage. Il arrive parfois que des objets suspendus aux tringles se détachent et tombent dans la cuve ; comme il ne serait pas possible de les repêcher sans s'exposer à se brûler grièvement, on aura soin d'adapter au fond de cette dernière un grillage assez fin, affectant la forme de celle-ci, et maintenu par quatre tiges de fer dont l'extrémité, recourbée en crochet, repose sur les bords de la cuve et permet ainsi l'enlèvement facile du grillage protecteur, lorsqu'il s'agit de rechercher un objet qui s'est détaché de l'endroit où il était suspendu.

Dégraissage à la chaux de Vienne et à la ponce. — Quand les objets à nickeler sont restés le temps nécessaire dans le bain de potasse, on les retire et on procède au dégraissage final. Pour cela, on les étend sur les planches de bois dont doit être munie la cuve de lavage.

Près de la personne chargée de ce travail, il doit y avoir une petite boîte plate en bois, contenant de la chaux de Vienne pulvérisée, et une autre boîte semblable contenant de la ponce en poudre très fine. On prend une brosse à manche en soies assez longues et pas trop dures (fig. 51), on la mouille dans l'eau de la cuve, et, la trempant dans la chaux de Vienne, on brosse soigneusement et dans tous les sens l'objet à dégraisser, qu'on aura soin de tenir de la main gauche par le fil d'attache ou par un crochet, en évitant de le toucher avec les doigts.

Après ce premier brossage, on rince à grande eau, on examine attentivement

Fig. 51.

l'objet et on recommence l'opération si le dégraissage ne paraît pas complet. On fait ensuite de la même manière un brossage à la ponce avec une brosse semblable, mais un peu plus dure, on rince à grande eau, on examine à nouveau et, si le dégraissage est bien fait, on suspend la pièce dans un grand baquet d'eau pure qui doit se trouver à proximité de la cuve de lavage. On ne retire les objets de ce baquet que pour les mettre dans le bain de nickel. En les conservant sous l'eau, on évite ainsi l'action de l'air, qui amènerait la formation sur les objets d'une légère couche d'oxyde très préjudiciable à la solidité du dépôt de nickel.

Pour les objets en cuivre, on peut se contenter du brossage à la chaux, car le brossage à la ponce pourrait occasionner des rayures sur le poli. On reconnaît, en général, que le dégraissage est bien fait quand, en plongeant l'objet dans l'eau, celle-ci se répand également et régulièrement sur toute sa surface.

Par suite du dégraissage par voie humide, il se forme sur les métaux, facilement oxydables, une légère couche d'oxyde, imperceptible à l'œil. Elle s'enlève sans difficulté par un léger décapage, auquel on soumet les objets dégraissés.

Pour les objets en fer, en fonte et en acier, on les trempe 3 ou 4 secondes dans un bain composé de 1 kilogramme d'acide sulfurique pour 20 litres d'eau, on rince vivement et on porte tout de suite au bain. Il serait bon, après le décapage à l'acide sulfurique dilué, de brosser encore une fois les objets à la chaux et de les rincer avant de les mettre au bain de nickel.

Pour les objets en cuivre, en laiton et en maillechort, le bain de décapage se compose de 1 kilogramme de cyanure de potassium à 99° pour 20 litres d'eau. On y trempe les pièces, on les rince rapidement et on les porte dans le bain de nickel. Il est important de rincer après avoir passé au cyanure de potassium, car, dans le cas contraire, on introduirait ainsi dans le bain de nickel une petite quantité de cyanure, ce qu'il faut absolument éviter.

Les pièces destinées à être d'abord cuivrées se dégraissent de la même manière que celles destinées à être nickelées.

DÉGRAISSAGE ET CUIVRAGE ÉLECTRIQUES

Depuis un certain temps on remplace avantageusement le passage à la potasse et le brossage à la ponce et à la chaux par l'action beaucoup plus rapide du bain de *dégraissage électrique simple* ou celle du bain de *dégraissage-cuivrage combiné*. Dans ces deux sortes de bain, l'action dégraissante de la solution alcaline se trouve fortement secondée par l'action mécanique des bulles gazeuses qui aident au détachement des matières grasses. Dans le second cas, le cuivrage rouge s'effectue en même temps que s'opère le dégraissage.

Nous allons donc les examiner successivement :

I. Dégraissage simple : avec anodes en charbon.
II. Dégraissage et cuivrage simultanés : avec anodes en cuivre.

DÉGRAISSAGE GALVANIQUE SIMPLE

Formule A.

Carbonate de soude calciné. . 18 kg.
Cyanure de potassium 98 %. . 5 kg.
Eau. . . . . 100 kg.
Tension, 5 à 6 volts.

Formule B.

Lessive de potassium 36°. . 18 litres.
Cyanure de potassium. . . 5 kg
Eau. . . . . 100 litres.
Tension, 5 à 6 volts.

Formule C.

Potasse caustique en plaques. 6 kg.
Cyanure de potassium pur . 4 kg.
Eau . . . . 100 litres.

MONTAGE, PRÉPARATION, CONDUITE ET ENTRETIEN DU BAIN GALVANIQUE DE DÉGRAISSAGE SIMPLE

Montage. — N'employer pour contenir ce bain que des cuves en pitchpin ou en sapin rouge bitumées, ou celles en ardoise.

L'agencement de la cuve se fait comme

pour tous les bains galvaniques, les tringles destinées à supporter les anodes qui doivent être en charbon étant reliées au pôle positif et celles destinées à supporter la marchandise reliées au pôle négatif d'une même source électrique.

Préparation. — Remplir la cuve au tiers avec de l'eau froide, procéder ensuite à la dissolution des sels de la manière suivante :

Placer la totalité des sels dans une grande terrine, jeter dessus de l'eau presque bouillante et remuer avec un bâton jusqu'à ce qu'il ne reste aucun résidu. A défaut d'un récipient en grès, on peut employer une bassine ou chaudière en fonte, à condition qu'elle soit parfaitement émaillée.

La dissolution ainsi obtenue est vidée dans la cuve, puis on complète enfin au volume total avec de l'eau froide.

On remue bien tout le bain qui est alors prêt pour l'emploi.

Conduite. — Les pièces, au sortir du polissage, sont bien lavées à l'essence ou au pétrole de manière qu'il ne reste pas de crasse noire provenant de la composition à polir ; elles sont ensuite essuyées à la sciure et accrochées dans le bain où elles doivent séjourner pendant une ou deux minutes sous un **courant de 5 à 6 volts.**

On les retire alors pour les rincer sommairement dans un baquet d'eau froide qui peut, par la suite, être employée pour remonter le niveau du bain. On les passe quelques secondes dans une eau acidulée à 10 °/₀ d'acide sulfurique au soufre, on les rince bien à l'eau froide et il ne reste plus qu'à les soumettre à l'action du bain galvanique de nickel, de zincage, de laitonisage, de dorure ou d'argenture, en procédant comme de coutume pour la suite des opérations.

Entretien du bain. — Lorsque, par suite du travail fourni, le dégraissage se fait mal, il convient d'ajouter au bain du carbonate de soude calciné dans la proportion de 1 kilogramme 500 par 100 litres et du cyanure de potassium dans la proportion de 500 grammes par 100 litres.

L'addition de ces produits se fait en prélevant une partie du liquide que l'on chauffe dans une bassine bien émaillée et dans laquelle on les fait dissoudre en ayant soin qu'il ne reste aucun résidu. On mélange ensuite la solution ainsi obtenue au reste du contenu de la cuve.

De temps en temps il est nécessaire d'écumer le bain à l'aide d'une écumoire en fer pour le débarrasser de la graisse saponifiée qui surnage à la surface du liquide.

BAIN GALVANIQUE DE DÉGRAISSAGE-CUIVRAGE

Cyanure de potassium 98°. .	4 kg.
Cuproxine	4 kg. 300
Potasse caustique	3 kg.
Eau	100 litres.

Montage. — Comme pour le dégraissage simple, sauf que les anodes sont en cuivre rouge.

Préparation. — Comme précédemment en employant comme sel de cuivre : la cuproxine. Le cyanure et la cuproxine sont dissous *ensemble* à l'eau presque bouillante. La dissolution est vidée dans la cuve ; on procède ensuite de même à la dissolution de la potasse caustique que l'on ajoute au contenu de la cuve, on complète au volume total avec de l'eau froide. Remuer le bain qui est alors prêt pour l'emploi.

Conduite. — Comme précédemment, le courant électrique étant de 3 1/2 à 4 volts en pleine charge.

Entretien du bain. — Lorsque le dégraissage se fait mal et que le dépôt de cuivre manque d'adhérence ou ne se fait plus d'une manière uniforme, il convient d'ajouter au bain du carbonate de soude calciné dans la proportion de 1 kg. 500 par 100 litres.

Quand le dépôt de cuivre, bien qu'étant adhérent est mat et d'une couleur rouge foncé et que le liquide est bleu, c'est que ce dernier, par suite de ce que les anodes sont restées dans le bain sans courant, contient trop de cuivre ; il convient d'y ajouter par petites quantités du cyanure de potassium jusqu'à obtention d'un dépôt de teinte normale et brillant, ce qui se produit généralement au moment où le liquide vire au jaune clair.

Lorsque, au contraire, le cuivre ne se dépose que très lentement ou même plus du tout et qu'il se forme un bouillonnement actif autour des pièces, c'est que le bain manque de cuivre; il faut alors ajouter de la cuproxine, dans la proportion de 400 grammes par cent litres.

De temps en temps il est nécessaire d'écumer le bain à l'aide d'une écumoire en fer pour le débarrasser de la graisse saponifiée qui surnage à la surface du liquide.

Une des conditions essentielles pour la

bonne marche de ce bain étant la présence
d'une quantité déterminée de cyanure de
potassium en liberté, il est naturellement
indispensable de ne pas y laisser séjourner les anodes lorsqu'il est au repos. On
enlèvera donc ces dernières pour les
mettre à tremper dans le baquet ou le récipient contenant l'eau de premier rinçage
jusqu'à la remise en marche du bain.

Comme nous l'avons dit au chapitre
dégraissage et cuivrage électriques l'emploi de ces nouveaux procédés de dégraissage galvanique et de dégraissage-cuivrage
combinés présente de grands avantages
tant au point de vue économie de main-
d'œuvre qu'à celui de la certitude d'un dégraissage parfait ; mais il est un fait très
important sur lequel nous croyons devoir
attirer l'attention de nos lecteurs.

Au cours de ces dernières années nous
avons eu l'occasion d'entendre beaucoup
d'industriels se plaindre que leur nickelage
exécuté sur un cuivrage préalable obtenu
dans des bains dits de *dégraissage-cuivrage* se recouvrait, au bout de quelque
temps de séjour en magasin, d'une multitude de petites piqûres de rouille qui, allant
en s'étendant, rendaient les pièces inutilisables au bout de peu de temps.

Désireux de trouver la cause d'un aussi

grave inconvénient et surtout d'y remédier si possible, nous avons été amenés à constater que ce fait ne se produisait que dans les bains de dégraissage-cuivrage préparés en solution alcaline caustique concentrée, c'est-à-dire dans lesquels la quantité de potasse ou de soude caustiques dépassait 5 kg. par cent litres.

Il convient donc de n'utiliser aucun bain de ce genre si l'on ne peut obtenir de son vendeur la garantie que la teneur en alcali libre ne dépasse pas celle indiquée ci-dessus.

La trop grande quantité d'alcali caustique libre a pour effet de précipiter le dépôt du métal qui, se faisant alors avec une trop grande rapidité, n'a plus la cohésion voulue et qui, vu au microscope, présente une multitude de petits trous qui sont l'origine incontestable des piqûres de rouille dont se plaignaient nos correspondants.

Il est bien entendu que, dans l'établissement de la formule que nous indiquons, nous avons tenu compte des remarques ci-dessus et que d'autre part ces remarques ne s'attribuent qu'au bain de dégraissage-cuivrage combiné et nullement au bain de dégraissage galvanique simple qui ne peut présenter le même inconvénient, puisqu'aucun dépôt métallique ne s'y effectue.

CUIVRAGE

Certains métaux, comme nous l'avons déjà dit, ne peuvent se nickeler ou recevoir une couche d'un autre métal (or, argent, étain, etc.), qu'après avoir été recouverts au préalable d'une couche de cuivre. Ce sont principalement le zinc, le plomb, l'étain, le métal anglais.

Le fer, l'acier et la fonte se nickellent directement ; mais, pour certaines pièces exposées plus que d'autres aux influences de l'air, on a pensé qu'une couche de cuivre interposée entre le métal sous-jacent et la couche de nickel constituerait une protection plus efficace contre les attaques de la rouille. Théoriquement, le fait est vrai ; mais pratiquement, il n'offre pas d'avantages bien marqués. Un objet en fer, s'il a été nickelé avec soin, ne se rouillera pas plus vite qu'un autre qui aura été préalablement cuivré. Quoi qu'il en soit, le cuivrage est une bonne précaution ; en outre, il facilite le dépôt de la couche de nickel ; c'est pourquoi nous croyons utile d'en décrire ici les différents procédés.

Composition d'un bain de cuivre rouge..—
Voici la formule qui donne les meilleurs
résultats :

Carbonate de soude. . . .	2 kg.
Bisulfite de soude	2 kg.
Acétate de cuivre (verdet) .	2 kg.
Cyanure de potassium pur .	2 kg.
Eau distillée ou eau de pluie.	100 litres.

S'il s'agissait d'un bain destiné à cuivrer
le zinc, il faudrait augmenter la proportion
de cyanure de potassium d'un quart environ. On prépare ce bain de la façon
suivante :

Remplir la cuve au quart avec de l'eau
tiède, puis faire dissoudre en bassine
bien émaillée et dans l'ordre ci-desous :

1° Le cyanure de potassium à l'eau
chaude (environ 65°)

2° Le bisulfite de soude et le carbonate
de soude séparément à l'eau bouillante ;
ces trois produits doivent être dissous
chacun dans un volume d'eau égal au
dixième du volume du bain à préparer, et
les solutions ainsi obtenues doivent être
successivement ajoutées à l'eau déjà mise
dans la cuve.

Après avoir bien agité avec un bâton,
ajouter l'acétate de cuivre délayé à l'eau

tiède à consistance de pâte un peu épaisse et remuer jusqu'à dissolution complète.

Laisser reposer pendant 12 heures, décanter si possible pour éliminer le dépôt, et compléter au volume total avec de l'eau froide.

Le bain doit être limpide et légèrement jaunâtre.

Une autre composition, que nous avons essayée et qui a donné un bon résultat, est la suivante :

Eau	100 litres.
Cuproxine.	2 kg.
Cyanure de potassium, 98 %.	3 kg.
Ammoniaque liquide à 22° .	250 cent. cub.

On mélange les produits et on les dissout dans l'eau bouillante. Après dissolution complète on ajoute l'ammoniaque liquide et le bain est prêt pour l'emploi.

Conduite du bain de cuivrage. — Le bain de cuivrage doit être disposé comme le bain de nickel et muni également d'un rhéostat et d'un voltmètre. On se servira d'anodes de grandes dimensions et d'une épaisseur de 3 à 5 millimètres ; elles devront être en cuivre électrolytique. Ce cuivre, obtenu par l'électricité, est chimiquement pur. Les crochets pour les anodes seront en cuivre rouge ; pour les objets ils peuvent être en laiton.

Les objets destinés à être cuivrés seront soumis exactement aux mêmes préparations que ceux destinés à être nickelés. Pour les mettre dans le bain de cuivre, on prendra les mêmes précautions que pour les mettre dans le bain de nickel.

La force électromotrice du courant sera environ 3 volts pour le fer et 4 volts pour le zinc. La durée de l'immersion dans le bain sera variable, suivant que les objets devront rester cuivrés ou être soumis ensuite au nickelage. Dans ce dernier cas, un quart d'heure est suffisant. En sortant les objets du bain, on les trempera dans l'eau chaude, puis dans l'eau froide, on les brossera avec un peu de chaux de Vienne et d'eau, et après les avoir bien rincés, on les portera aussitôt dans le bain de nickel.

Quand le bain de cuivre s'appauvrit, on le recharge avec de la cuproxine que l'on fait dissoudre dans une solution de cyanure de potassium. On remarque que les anodes du bain de cuivre se couvrent parfois d'une sorte de boue verdâtre ; quand il s'en forme une assez grande quantité, c'est un signe que le bain manque de cyanure de potassium. On en ajoutera une solution au bain. Si on mettait un excès de cyanure, il se produirait un fort dégagement d'hydrogène à la surface des objets, et le dépôt de cuivre s'effectuerait lentement et s'écaillerait. Il faudrait alors prendre de la cuproxine avec un peu de solution du bain, en faire une sorte de bouillie claire et l'ajouter par petites portions au bain en l'agitant continuellement avec une petite baguette de bois.

Le liquide du bain de cuivrage est d'une couleur ressemblant à celle de la bière claire ; si cette coloration devenait bleuâtre ce serait un signe qu'il faut ajouter au bain une certaine quantité de cyanure de potassium.

Toutes les fois qu'on rechargera un bain de cuivre avec de la cuproxine et du cyanure on fera bien d'y mettre en même temps une quantité correspondante de bisulfite de soude.

Cuivrage au trempé. — Quand on ne veut obtenir qu'une couche très mince de cuivre, on peut, s'il s'agit d'objets en fer ou en acier, se servir du procédé suivant :

On prépare une solution de 500 grammes de sulfate de cuivre et 500 grammes d'acide sulfurique pur concentré dans 100 litres d'eau ; on y plonge un instant les objets préalablement bien décapés et dégraissés en les agitant, on les rince et on les sèche. Ils sont alors recouverts d'une mince couche de cuivre qui est adhérente. Si on les laissait plus longtemps dans la solution, le cuivre déposé serait pulvérulent et n'aurait aucune adhérence.

Pour les plumes d'acier, les épingles, les agrafes, et autres menus objets également en fer et en acier, on se sert de la solution précédente, mais diluée dans un égal volume d'eau ; on met cette solution et les objets à cuivrer dans un tonneau en bois (voir l'article *Polissage au tonneau*) que l'on fait tourner quelques minutes.

Cuivrage au pinceau. — Nous ne donnons ce procédé qu'à titre de curiosité, car nous ne pensons pas que son emploi soit bien pratique. On prépare dans un récipient quelconque une forte solution de soude caustique ; dans un autre récipient, on prépare une solution de sulfate de cuivre fortement saturée.

On prend ensuite un pinceau aussi large qu'on peut le trouver, on le trempe dans la solution de soude caustique et on donne une couche à l'objet à cuivrer. Aussitôt on prend un second pinceau semblable, on le trempe dans la solution de sulfate de cuivre et on recouvre l'objet à cuivrer d'une couche de cette solution, en ayant soin de ne pas repasser deux fois au même endroit. Il se forme aussitôt une couche de cuivre mince, mais adhérente qui, bien entendu, n'a aucune prétention à la solidité.

DU NICKEL

Le nickel fut découvert, en 1751, par le minéralogiste suédois Alex de Cronsted, dans un minerai de cuivre appelé dans le pays *koppar-nickel*. Son nom appartient à la mythologie suédoise : c'est le nom d'un gnome ou génie malfaisant. On raconte que les mineurs, croyant rencontrer un métal précieux dans ce minerai, et furieux de leur déception, lui donnèrent le nom du génie nain suédois.

En 1775, Bergmann, chimiste suédois, parvint à isoler le nickel à peu près tel que nous le connaissons aujourd'hui.

On trouve des minerais de nickel dans l'Allemagne centrale, en Suède, en Ecosse et en Amérique. Les gisements les plus importants sont ceux de la Nouvelle-Calédonie. En France ce minerai existe, mais en petites quantités, dans les Pyrénées et dans les Alpes.

On l'extrait d'un minerai, le kupfer-

nickel ou nickeline, dans lequel il se trouve
à l'état d'arséniure de nickel. On l'extrait
encore de divers minerais composés de
sulfures et de silicates doubles de nickel,
qui se trouvent ordinairement mêlés aux
minerais de cobalt.

En 1861, l'ingénieur français Garnier
découvrit, en Nouvelle-Calédonie, d'abon-
dants gisements de silicate double de ma-
gnésium et de nickel. On donna à ce minerai le nom de *garniérite*. L'exploitation se
fait en grand aujourd'hui, et la Nouvelle-
Calédonie fournit à elle seule la presque
totalité du nickel employé en France.

Propriétés et usages du nickel

Le nickel, à l'état pur, est d'un blanc
d'argent tirant légèrement sur le gris d'a-
cier. Il est très dur et très tenace, ce qui
ne l'empêche pas d'être ductile soit à chaud
soit à froid ; il est également malléable. A
la température ordinaire, l'aimant l'attire.
Il est plus fusible que le fer, et son point
de fusion est plus élevé que celui de la
fonte. Son poids spécifique varie de 8,4 à 9,
suivant qu'il est fondu, forgé ou laminé.

Le nickel ne s'oxyde pas dans l'air à la
température ordinaire, mais il s'y oxyde à

une température élevée. L'acide sulfurique et l'acide chlorhydrique étendus l'attaquent lentement ; si on y ajoute l'acide azotique, le nickel se dissout alors assez rapidement. Le cyanure de potassium le dissout aussi, mais lentement et avec un dégagement d'hydrogène.

Le nickel, à l'état impur, contient ordinairement du cuivre, du fer, du colbat, du carbone, du silicium, de l'arsenic, du soufre, du manganèse et de l'étain.

Il est encore cassant, ductile, mais un peu plus fusible que le métal pur.

La dureté du nickel et sa résistance aux influences atmosphériques en font un métal des plus utiles. Malheureusement, il est attaqué légèrement par la bière, la moutarde, le thé, les graisses, les infusions végétales, le bouillon ; aussi est-il bon de ne pas nickeler les objets culinaires ou autres destinés à recevoir ces produits. Cependant cet inconvénient peut être évité, en ayant soin de laver et d'essuyer les récipients aussitôt après qu'on s'en est servi.

Les usages du nickel sont nombreux :

Avec le cuivre et le zinc il forme l'alliage appelé maillechort. On l'emploie également pour la confection de certaines pièces d'horlogerie. Il sert aussi à fabriquer des ustensiles de ménage. En Allemagne, en Suisse, en Belgique et aux États-Unis, la monnaie de nickel a remplacé avantageusement la monnaie de bronze, usage auquel on commence également à l'employer en France.

Mélangé à l'acier, en petite proportion, le nickel lui donne plus de résistance, et cet alliage est aujourd'hui employé à la fabrication des canons, des plaques de blindage et des rails de chemin de fer.

Dans l'industrie du nickelage, on l'emploie sous forme de plaques laminées ou fondues comme anodes.

ANODES DE NICKEL

Pour les bains de nickel, on peut employer soit des anodes solubles en nickel pur, soit des anodes insolubles en platine ou encore en charbon de cornue.

A quelles anodes faut-il donner la préférence ?

Malgré l'avis des théoriciens, nous n'hésitons pas à condamner l'emploi des anodes insolubles en général. En effet, le métal déposé sur les objets par le courant électrique provient de la décomposition de la solution du bain ; si cette perte en métal n'est pas compensée par une même quantité de ce dernier fournie par les anodes, la solution s'appauvrit rapidement et le nickelage ne s'effectue que très irrégulièrement et laisse beaucoup à désirer.

Les anodes de platine ont, en outre, l'inconvénient de coûter cher et comme, en règle générale, la surface des anodes doit être au moins égale à celle des objets à nickeler, l'installation deviendrait trop coûteuse, surtout s'il s'agit d'un bain de quelque importance. Quant aux anodes en charbon de cornue, on ne peut leur faire le même reproche, il est vrai, mais elles ont des inconvénients multiples. D'abord, elles sont attaquées par le liquide du bain : il s'en détache continuellement des parcelles de charbon qui flottent dans le bain, s'attachent aux objets et sont cause que la couche de nickel s'exfolie, ou comporte de nombreuses piqûres.

Quelques auteurs ont recommandé l'emploi simultané des anodes solubles et des anodes insolubles, mais les résultats pratiques ont été loin d'être satisfaisants. Par suite de la différence de résistance des anodes, il arrivait que les objets placés en face des anodes de nickel se nickelaient plus fortement que ceux placés en face des anodes de charbon.

Un autre inconvénient résulte de l'utilisation des anodes insolubles : l'acide mis en liberté lors de la décomposition du sel de nickel ne rencontrant pas de métal pour s'y combiner reste à l'état libre et nuit au bout de peu de temps au bon fonctionnement du bain.

Bref, il résulte de tout ceci que l'emploi des anodes insolubles doit être absolument rejeté de la pratique.

Il nous reste maintenant à examiner quel parti on peut tirer de l'emploi des anodes en nickel laminé ou en nickel fondu.

La première qualité requise pour ces deux sortes d'anodes, c'est d'être en nickel complètement pur, car la moindre impureté contenue dans les anodes passe dans le bain et, tôt ou tard, devient un obstacle à la bonne réussite du nickelage.

Il ne faut pas les choisir trop minces, car plus elles sont minces, plus elles offrent de résistance au courant, et d'autre part plus le pourcentage de déchets est élevé.

Les anodes laminées devant servir pour de petits bains doivent avoir 3 ou 4 millimètres d'épaisseur, en tout cas, pas moins de 2 millimètres ; pour les bains de grandes dimensions, on emploie des anodes de 8 millimètres et même 10 millimètres d'épaisseur.

Les anodes fondues ont ordinairement
de 10 à 15 millimètres d'épaisseur.

La forme des anodes peut varier ; mais,
en général, on leur donne une forme rectangulaire (fig. 52 et 53) ; on les suspend
aux tringles du bain par des crochets en
fil de nickel de 3 à 8 millimètres de dia-

Fig. 52   Fig. 53.

mètre, suivant le poids des anodes ou par
des pinces à anodes (fig. 54). Il faut surtout
éviter les crochets en cuivre ou en laiton qui,
introduisant des métaux étrangers dans le
bain, nuisent à son bon fonctionnement.

Doit-on préférer les anodes laminées
aux anodes fondues ? Quoique les deux
sortes d'anodes aient leurs avantages et
leurs inconvénients, nous conseillons
d'employer les anodes laminées de préférence aux anodes fondues.

Le laminage a pour effet d'uniformiser la porosité du métal et de régulariser sa dissolution dans le bain. Il est vrai que les anodes laminées sont un peu moins conductrices de l'électricité, mais leur surface est toujours suffisante pour que cette petite infériorité n'ait aucune influence sensible sur la consommation du courant.

Fig. 51.

De plus, les anodes laminées ont l'avantage de s'user uniformément, sans se désagréger. Les anodes fondues étant plus poreuses se dissolvent plus facilement dans le bain et, par suite, lui abandonnent plus de nickel; mais, au bout de peu de temps, elles deviennent friables et s'émiettent avant d'être complètement usées.

Quand elles sont neuves, elles sont dures à la surface et résistent à l'action du bain, mais elles se dissolvent partiellement à l'intérieur. Si on brise une de ces anodes ayant déjà servi pendant quelque temps, on trouve à l'intérieur une sorte de poudre noire que certains nickeleurs prennent à tort pour du charbon et qui n'est autre chose que de l'oxyde de nickel ; ce phénomène s'observe surtout dans les bains renfermant des chlorures.

Dans les bains de grandes dimensions, on peut, avec avantage, employer simultanément les deux sortes d'anodes, dans la proportion de deux anodes laminées pour une anode fondue ; mais il faut éviter de mettre les anodes fondues aux extrémités des tringles de suspension, car on a remarqué qu'elles étaient plus fortement attaquées que si elles étaient placées au milieu.

Surface des anodes. — Il est admis généralement que la surface des anodes doit être au moins égale à la surface des objets qui se trouvent dans le bain. Quelques auteurs ont même dit qu'elle devait être deux ou trois fois plus grande ; mais, dans la pratique, nous avons reconnu que la meilleure proportion à observer était celle-ci : 5 décimètres carrés d'anodes pour 4 décimètres d'objets à nickeler.

Sans cela on risque l'appauvrissement du bain de nickel. Par suite, il se forme, sous l'action du courant, de l'hydrogène dans le bain et les objets à nickeler se couvrent d'un dépôt parsemé de petits trous.

Entretien des anodes. — Quand un bain ne fonctionne pas, il n'est pas nécessaire d'en retirer les anodes ; elles peuvent sans inconvénient rester suspendues dans le bain, car, tant que le courant n'est pas établi, elles ne sont nullement attaquées.

Il arrive quelquefois que, le matin, avant le travail, on s'aperçoit que les anodes ont une légère teinte rougeâtre. On pourrait croire que ce phénomène est dû à la présence d'une petite quantité de cuivre, soit dans les anodes, soit dans le bain. Il n'en est rien. Cette coloration provient d'un peu de cobalt dont on ne peut jamais débarrasser complètement les anodes de nickel ; sous l'influence d'un faible courant, il se forme un hydrate d'oxyde de cobalt qui disparaît bientôt si on fait passer un fort courant à travers le bain.

Les anodes doivent être toujours maintenues dans le plus grand état de propreté. Il faudra les visiter souvent et quand on y trouvera des impuretés, on les enlèvera par un lavage à l'eau chaude ; on brossera s'il est nécessaire, avec de l'eau froide et de la chaux de Vienne, et on rincera soigneusement. Si des cristaux de sulfate de nickel s'attachent aux anodes, il faut également avoir soin de les enlever, soit en les détachant avec un racloir, soit en plongeant l'anode dans l'eau bouillante, pour opérer la dissolution des cristaux.

SELS DE NICKEL

Il y a une grande quantité de sels de nickel. Ceux qu'on peut employer pour bains de nickelage sont les suivants :

Sulfate de nickel pur ;
Sulfate double de nickel et d'ammonium ;
Phosphate de nickel ;
Citrate de nickel ;
Carbonate de nickel ;
Chlorure de nickel ;
Acétate de nickel ;
Azotate de nickel ;
Fluosilicate de nickel ;

Ces sels doivent être parfaitement purs et ne contenir ni sels de cuivre, ni sels de fer ou d'autres métaux.

On ne peut pas employer indifféremment un sel de nickel quelconque pour composer un bain de nickelage. Le choix du sel doit être dicté par la nature du métal qu'il s'agit de nickeler. Cependant le sulfate de nickel pur et le sulfate double de nickel et d'ammonium peuvent être employés pour nickeler presque tous les métaux.

Sulfate de nickel pur ou sulfate simple. — Le sulfate de nickel pur se présente en beaux cristaux d'un vert émeraude contenant environ 20 à 22 % de nickel métal ; chauffé à 280°, il se transforme en sulfate anhydre, et les cristaux prennent une coloration jaune.

Le sulfate de nickel se dissout facilement dans l'eau, à laquelle il communique une belle teinte verte.

Il est facile de reconnaître si le sulfate de nickel contient du cuivre. Pour cela, on acidule la solution assez fortement avec de l'acide chlorhydrique ; on y fait passer un courant d'hydrogène sulfuré, et, si la solution contient du cuivre, il se produit du sulfure de cuivre brun noir. On peut encore aciduler la solution avec quelques gouttes d'acide nitrique pur et ajouter un peu de solution de sulfo cyanure d'ammonium, une coloration brune indique la présence du cuivre, et une coloration rouge sang indique la présence du fer.

Sulfate double de nickel. — Le sulfate double de nickel et d'ammonium, appelé aussi sulfate de nickel ammoniacal, se présente également sous forme de cristaux verts ; mais leur coloration est plus claire que celle des cristaux du sulfate de nickel. Il est aussi moins soluble dans l'eau que ce dernier et ne contient que de 14 à 15 % de nickel métal.

Parmi tous les sels de nickel, c'est celui qui est actuellement le plus employé dans la composition des bains de nickelage.

La présence du fer et du cuivre dans le sulfate de nickel ammoniacal se constate à la solution de sullo cyanure d'ammonium comme il a été dit pour le sulfate de nickel pur.

COMPOSITION DES BAINS

Il existe un grand nombre de formules pour la composition des bains de nickel ; s'il fallait les citer toutes, un volume y suffirait à peine. Nous ne nous occuperons donc ici que de quelques-unes, choisies parmi les meilleures employées actuellement en France, en Angleterre, en Allemagne et en Amérique.

Bains de nickel en général. — Un bain de nickel se compose ordinairement :

1° D'un sel de nickel ;

2° D'un ou plusieurs sels dits conducteurs ;

3° D'eau.

Quelques spécialistes conseillent d'ajouter aux bains de nickel une petite quantité d'acides organiques. Les uns recommandent l'acide borique, l'acide ben-
zoïque ; d'autres, l'acide acétique, l'acide
citrique. Cette addition, en effet, rend le
bain légèrement acide et par suite le dépôt
de nickel plus blanc que s'il avait lieu dans
un bain alcalin ou neutre. L'acide qui, d'a-
près nos expériences, donne le meilleur
résultat, est l'acide citrique ; mais il faut
éviter d'en mettre une grande quantité,
car le bain devenant trop acide, le dépôt
de nickel s'exfolierait.

Comme nous l'avons dit plus haut, il
n'est pas indifférent de prendre, pour les
bains de nickel, un sel de nickel quelconque. Ainsi le chlorure de nickel et l'azotate de nickel ne sauraient être employés
utilement pour le nickelage du fer, tandis
qu'ils donnent de bons résultats pour le
nickelage rapide et léger d'articles bon
marché en cuivre ou en laiton.

Pour augmenter la conductibilité du
bain, on a proposé différents sels tels que
le sulfate de soude, le sulfate d'ammo-

niaque, le sulfate de magnésie, le chlorure de sodium, l'alun ammoniacal, etc. Les résultats obtenus ont été souvent contradictoires. Les meilleurs sels conducteurs à employer sont les sulfates de magnésie et de soude et le chlorure de sodium.

Il ne faut pas employer les chlorures pour le nickelage du fer et de l'acier afin d'éviter la rouille.

Certains auteurs conseillant le sulfate d'ammoniaque et le chlorure d'ammonium ; mais ces deux sels ont l'inconvénient de toujours occasionner une recristallisation de sulfate de nickel double qui appauvrit les bains en métal, à moins qu'on y ajoute en même temps du tartrate neutre d'ammoniaque en proportion raisonnée.

De l'eau à employer pour les bains de nickel. — L'eau joue un rôle important dans la bonne réussite du nickelage ; il faut donc la choisir avec discernement. Les eaux de source et de puits sont presque toujours défectueuses, car elles contiennent en dissolution des matières étrangères et principalement des sulfates et carbonates de chaux ; le mieux est de n'employer que de l'eau distillée.

Cependant si les bains sont grands et la dépense relative à l'eau distillée exagérée, ou si, pour une raison quelconque, on ne peut pas se procurer de l'eau distillée, nous conseillerons de prendre de l'eau de pluie.

Mais, dans ce cas, il faut avoir soin de rejeter celle qui tombe au début, parce qu'elle est souillée par la poussière des toits. L'eau ainsi recueillie doit être conservée dans des récipients en grès, en ciment, ou même dans des tonneaux bien propres, pourvu qu'ils ne soient pas en bois de chêne. Au besoin, on pourrait prendre de l'eau de rivière filtrée, préalablement bouillie.

FORMULES DE BAINS DE NICKEL.

La formule suivante, est la plus simple de toutes :

I. Sulfate double de nickel et
    d'ammonium . . . . . . 8 kg.
    Eau distillée . . . . . . 100 litres.

Au cas où la solution serait trop acide, on la neutraliserait avec un peu d'ammoniaque, jusqu'à ce que le papier bleu de tournesol n'indique plus qu'une réaction légèrement acide.

Ce bain, possédant une résistance intérieure assez grande, exige un courant fort de 3 volts pour que le nickel se dépose régulièrement. Pour empêcher que le bain ne devienne trop rapidement alcalin ou acide, on préconise l'emploi mixte d'anodes de nickel fondu et d'anodes de nickel laminé.

On peut arriver à porter la quantité de sulfate de nickel double dissoute à 12 kg. par cent litres, en ajoutant 1 kg. de tartrate neutre d'ammoniaque ; on obtient ainsi un bain plus riche en métal et déposant plus rapidement.

II. Sulfate double de nickel et d'ammonium. . . . . . .   5 kg.
    Sulfate d'ammoniaque . .   5 kg.
    Eau distillée . . . . . . 100 litres.

Si la solution est trop acide, on la neutralise complètement avec l'ammoniaque liquide et on ajoute ensuite un peu de solution d'acide citrique, assez pour rougir légèrement le papier bleu de tournesol. Dans ce bain, les objets se nickellent rapidement, mais il faut avoir soin de les déplacer de temps en temps et de les retourner.

III. Sulfate double de nickel et d'ammonium . . . . .   8 kg.
    Sulfate de nickel pur . . .   4 kg.
    Sel dit excitateur . . . .   1 kg.
    Eau distillée . . . . . . 100 litres.

— Si la solution était trop acide, on la neutraliserait avec une faible quantité d'une solution de soude caustique purifiée à 10 % en remuant jusqu'à redissolution du précipité qui se forme.

Ce bain, employé fréquemment par les nickeleurs français, donne d'assez bons résultats.

IV. Sulfate double de nickel et
     d'ammonium . . . . .   7 kg.
    Sulfate de magnésie . . .   3 kg.
    Eau distillée . . . . . .   100 litres.

Pour les nickeleurs qui ne peuvent disposer que d'un faible courant électrique, ce bain est assez avantageux. On peut y nickeler fortement le fer et même directement le zinc.

Mais, comme les anodes ne sont presque pas attaquées par la dissolution, celle-ci s'appauvrit assez rapidement, et il faut changer le bain après 3 ou 4 mois.

V. Sulfate de nickel pur . . .   5 kg.
   Tartrate d'ammoniaque neutre.   3 kg. 600
  Acide tannique à l'éther . .   0 kg. 025
  Eau distillée . . . . . .   100 litres.

Le tartrate neutre d'ammoniaque s'obtient en saturant une dissolution d'acide tartrique par l'ammoniaque. Il faut aussi neutraliser avec soin le sulfate de nickel.

Cela fait, on dissout le tout dans 15 ou 20 litres d'eau et on fait bouillir pendant un quart d'heure environ ; on ajoute ensuite le complément d'eau pour faire 100 litres et on filtre ou l'on décante.

Cette nouvelle formule de nickelage, qui a été essayée en Belgique, dans plusieurs ateliers du Hainaut, permet de déposer avec adhérence, en peu de temps et avec un courant électrique relativement faible, une forte épaisseur de nickel sur tous les métaux.

Le dépôt obtenu est très blanc, doux, homogène, et, quoique pouvant donner une très forte épaisseur, il ne laisse pas de rugosités à la surface et ne s'écaille pas. On a obtenu par ce procédé de forts dépôts de nickels sur de la fonte brute et polie, à un prix de revient ne dépassant guère celui du cuivrage.

Bains avec sels de nickel composés. — Les formules de compositions de bains de nickel que nous avons données ci-dessus ont été choisies parmi les meilleures ; mais elles ne peuvent servir indistinctement pour le nickelage de tous les métaux ; il y a donc un choix à faire entre elles, suivant la nature du travail à exécuter. Ce choix ne peut être fait au hasard, et il sera bon de s'adresser pour cela à une maison sérieuse s'occupant spécialement des installations et des fournitures pour nickelage. On sera sûr ainsi d'être bien renseigné.

Mais s'il s'agit du nickelage d'articles spéciaux, nous conseillons fortement d'employer les *bains de sels de nickel composés*. On les livre sous forme de sels pulvérisés ; il n'y a absolument qu'à les faire dissoudre dans l'eau distillée dans la proportion de 10 à 15 kilogrammes suivant la composition des sels pour 100 litres d'eau. Leur composition varie suivant les métaux à nickeler, mais elle est calculée de façon à obtenir immédiatement et sans peine les résultats qu'on n'obtient ordinairement qu'après de longs tâtonnements et de coûteux essais. Ils sont un peu plus chers, il est vrai, que les autres sels de nickel, mais qu'est-ce que ce léger inconvénient en comparaison des ennuis évités ? En écrivant aux maisons spéciales et en donnant tous les détails nécessaires sur le travail à exécuter, on est sûr d'avoir des sels de nickel composés avec lesquels on installera un bain répondant au but proposé.

Bains dits de « Nickel Brillant ». — En ces dernières années, ces bains ont été préconisés comme donnant un dépôt de

nickel très blanc et ne nécessitant que peu
ou pas de ravivage.

Ils ont donc été essayés par un **assez**
grand nombre d'industriels ; mais nous devons à la vérité de reconnaître que **si dans**
quelques ateliers les résultats obtenus ont
été satisfaisants, dans le plus grand nombre
de ceux où on avait été tenté de les adopter, l'expérience avait été négative et on a
dû revenir au bain de formule courante
dont la conduite et la correction sont de
beaucoup plus facile.

Ces bains toujours très coûteux à installer marchent assez bien au début après
une mise au point en général assez délicate ; mais, au bout de 8 à 10 mois de travail, le dépôt commence à se parsemer de
piqûres ou de stries pour finir par manquer
totalement d'adhérence.

Ce fait dont nous avons été témoins en
de nombreuses circonstances est dû à ce
que la matière organique rentrant dans
leur composition se transforme par l'électrolyse en aldéhydes nuisibles qu'il devient impossible de détruire, d'où la nécessité de remplacer les bains complètement, ce qui entraîne à une dépense très
coûteuse, hors de proportion avec les lé-
gers avantages qu'on a pu éprouver au début de leur emploi.

Nous conseillons donc de ne les adopter qu'après essai prolongé et sérieux et sous garantie absolue d'un fonctionnement parfait pendant au moins deux années.

PRÉPARATION DES BAINS DE NICKEL

Il faut d'abord se procurer de l'eau distillée, de l'eau de pluie, ou au besoin de l'eau de rivière, dans les conditions que nous avons indiquées plus haut. Si on se sert d'eau de pluie, on fera bien de la filtrer avant d'y faire dissoudre quoi que ce soit. On pèse ensuite les sels de nickel ou autres devant entrer dans la composition du bain, en ayant soin de suivre exactement les proportions fixées.

La plupart des sels de nickel sont solubles à froid ; mais, comme l'opération exigerait un temps assez long, il est préférable de faire la dissolution à chaud.

S'il s'agit de petits bains, on prendra un vase de porcelaine ou de fer émaillé et on l'emplira d'eau. Quand elle sera bien chaude, on y mettra les sels à dissoudre et on continuera de chauffer à feu pas trop vif, en remuant le mélange avec un bâton de bois, pour activer la dissolution.

On laissera alors reposer le bain pendant 24 heures, et s'il se trouve quelques impuretés au fond, on décantera ou on filtrera s'il est nécessaire.

Pour les grands bains, il vaut mieux, en vue de gagner du temps, faire la dissolution dans des chaudières en fonte émaillée ; mais il faut bien prendre garde qu'il n'y ait aucune solution de continuité dans l'émail, car la solution de nickel attaquerait le métal mis à découvert.

Si l'on n'a à sa disposition qu'une chaudière en fonte non émaillée, on opère de la façon suivante : dans un grand vase de terre, on met une partie des sels de nickel ; on emplit ensuite la chaudière d'eau ; on fait bouillir cette eau et on la verse dans le vase de terre.

Quand la dissolution est faite, on verse le liquide dans le récipient devant contenir le bain, et on répète l'opération jusqu'à ce que tout le sel de nickel à employer soit dissous. De cette façon, la solution de nickel n'est jamais en contact avec la fonte.

On laisse ensuite reposer et on décante, ou on filtre, comme il est dit plus haut.

Un excellent moyen de préparation pour les bains de grande capacité consiste à remplir au quart la cuve avec de l'eau de rivière froide ; on tend sur le bord de la cuve, à l'aide de pointes, une toile bien lavée sur laquelle on place les sels à dissoudre et on verse sur ces derniers de l'eau bouillante jusqu'à leur dissolution complète; cette manière d'opérer est très rapide et permet une filtration simultanée avec la dissolution.

La densité du bain de nickel prêt à fonctionner est ordinairement de 8° Baumé, et peut monter jusqu'à 15° suivant la composition des sels. Pour reconnaître si le bain a le degré voulu, on se sert d'un pèse-sel.

Acidité et alcalinité des bains. — Pour qu'un bain de nickel donne un dépôt bien blanc, il est nécessaire qu'il contienne un peu d'acide libre, mais pas trop, car cela nuirait à l'adhérence de la couche de nickel.

Si le bain est alcalin ou même neutre, le nickel déposé n'est pas d'un blanc pur, la teinte est un peu foncée.

Un bain est neutre quand il n'est ni acide ni alcalin ; on le reconnaît quand la solution n'altère pas la couleur du papier bleu de tournesol, ni celle du papier rouge de tournesol ; le papier bleu de tournesol est coloré en rouge par les liquides acides, et le papier rouge est coloré en bleu par les liquides alcalins.

Les bains de nickel devant avoir, en

général, une réaction légèrement acide, s'il arrive qu'en plongeant l'extrémité d'une bande de papier bleu de tournesol dans le liquide, ce papier prenne immédiatement une coloration rouge intense, il faut corriger l'excès d'acidité en ajoutant au bain un alcali convenable (de préférence l'ammoniaque liquide), jusqu'à ce que le papier de tournesol ne rougisse que lentement et faiblement. Si, au contraire, l'essai par le papier de tournesol rouge démontrait que le bain est alcalin, on lui rendrait la faible acidité nécessaire en y ajoutant une solution d'acide citrique suffisante pour que le papier bleu de tournesol accuse la réaction acide voulue.

Il est bien entendu que, pour chaque essai au papier de tournesol, il faut prendre un nouveau morceau de papier.

Bain de nickel noir nouveau.

Depuis peu de temps on a trouvé le moyen de déposer un nickel absolument noir, mais les formules sont encore tenues secrètes ; il sera donc nécessaire de s'adresser à des maisons s'occupant de ces sortes d'installations. Toutefois nous donnons, à titre d'indication, les modes de préparation et d'usage.

Préparation. — Les sels sont dissous en totalité à l'eau presque bouillante dans une bassine bien émaillée ; si l'on ne dispose pas d'un récipient de capacité suffisante pour faire l'opération en une seule fois on peut s'y reprendre en plusieurs fois, mais cela tout en employant la *totalité des sels dosés et livrés pour un bain d'une capacité déterminée.*

Les solutions ainsi obtenues seront vidées au fur et à mesure dans la cuve où on aura au préalable versé un volume d'eau froide égale au tiers du volume du bain, et, s'il est nécessaire, on complète ensuite au volume total avec de l'eau froide.

Conduite. — La cuve est aménagée comme pour un bain de nickel ordinaire, c'est-à-dire que les tringles à anodes sont reliées au pôle positive de la source électrique et celles des objets au pôle négatif de la même source.

Les anodes sont constituées de préférence par de vieilles anodes en nickel pur laminé, de surface équivalente à peu près à celle des objets.

Le courant peut varier de 1/2 volt à 1 volt 2/10, les pièces étant dans le bain, sans excéder cette dernière limite ; la température du bain ne devant pas descendre au-dessous de 20°.

Les pièces sont ravivées ou matées au préalable, suivant que l'on désire obtenir une surface brillante ou mate.

Le dépôt peut se faire directement sur tous les métaux y compris le zinc et l'aluminium purs ou alliés.

Dans le cas du recouvrement direct du fer et de l'acier, il y a lieu de vernir ensuite la surface à l'aide d'un vernis conservateur ou de la graisser soigneusement pour éviter tout danger d'oxydation.

Ce vernissage est du reste utile pour donner

plus de solidité au dépôt, même lorsqu'il est effectué sur les autres métaux.

La durée d'immersion peut varier de 10 minutes à une demi-heure suivant la nature du métal à oxyder.

Bains de Nickel Oxyde.

Ces bains connus également sous la dénomination impropre de *Bains de vieux fer* sont employés pour le patinage ou vieillissage des objets en cuivre rouge ou en laiton, et aussi des objets en fer et acier ou tous autres métaux cuivrés, laitonisés, ou nickelés blanc au préalable.

Ils sont fournis généralement par les maisons spécialistes sous forme de sels composés avec instructions détaillées pour la préparation et la conduite du bain ; nous nous contenterons donc de donner quelques renseignements généraux les concernant.

Ces bains sont presque toujours à base de sels de nickel, auxquels on ajoute en proportions variant à l'infini, suivant la teinte à obtenir, différents corps alcalins tels que le bisulfite de soude, le pyrophosphate de soude, le carbonate de potasse, le cyanure de potassium, le sulfocyanure d'ammonium, le sulfate d'ammoniaque impur, etc..., etc...

Cette composition indique qu'ils sont généralement à réaction très nettement alcaline, d'où nécessité de n'utiliser pour les contenir que des cuves en ardoise, en grès ou en bois de suède doublées intérieurement en bitume composition.

Tous fonctionnent à froid sous un courant de 2 volts et demi à 3 volts avec anodes en charbon, la surface de ces dernières étant à peu près égale à la moitié de celle des objets.

Les tringles supportant les anodes sont, comme pour le nickelage ordinaire, reliées au pôle positif de la source électrique et celles supportant les objets sont reliées au pôle négatif.

Les pièces sont soumises aux mêmes opérations de décapage que celles nécessaires avant la mise aux autres bains galvaniques. Lorsqu'on a recours aux décapages acides, pour le cuivre et le laiton, par exemple, il est prudent de faire suivre, ces décapages d'un rinçage abondant à l'eau courante, puis d'une immersion de quelques minutes dans un bain de cyanure de potassium froid à 10 pour cent, suivie elle-même d'un nouveau rinçage final avant la mise au bain.

Cette précaution a pour objet d'éviter l'introduction dans le bain, de traces acides qui, par la suite, pourraient nuire à son bon fonctionnement.

Les teintes que l'on peut obtenir varient du bronze clair ou noir bleuté, en passant par les tons bronze foncé, et en terminant sur un ton gris fonte ; la durée d'immersion qui peut varier de 2 à 20 minutes, ainsi que l'intensité du courant employé jouant un rôle important dans ces changements de teinte, il est nécessaire d'examiner les pièces continuellement de manière à interrompre l'opération juste au moment où l'on a obtenu la nuance recherchée.

Comme pour le nickel noir, les pièces doivent être au préalable polies ou matées suivant que l'on désire un aspect brillant ou mat ; et, une fois l'objet uniformément teinté, on peut, en frottant légèrement les reliefs avec un chiffon imprégné de ponce poudre humide, ramener la teinte du métal sous-jacent de manière à obtenir des dégradés du plus bel effet.

Bien entendu tous les dépôts ainsi obtenus n'offrant qu'une faible résistance au frottement doivent être recouverts à l'aide d'un bon vernis protecteur incolore de préférence de la classe des vernis dit « Zapon ».

Maintenant que nous avons indiqué tous les accessoires utiles pour le nickelage, les opérations préliminaires à ce travail et la composition des meilleurs bains, il nous reste à exposer la façon dont le nickelage lui-même doit être conduit pour l'obtention des meilleurs résultats :

NICKELAGE PROPREMENT DIT

Mise au bain. — Le bain de nickel ayant été préparé soigneusement, comme il a été dit page 199, on vérifie sa densité au moyen du pèse-sel et son acidité avec le papier de tournesol. On s'assure ensuite que fils conducteurs, rhéostat, voltmètre, tringles et anodes sont disposés en bon ordre, et on fait alors passer le courant dans le bain. Un bain neuf donne rarement de bons résultats la première fois que l'on s'en sert ; il a besoin d'être électrolysé. Pour cela, on le fait travailler à vide pendant plusieurs heures. En faisant préalablement bouillir la solution de nickel, on s'assure une chance de réussite de plus.

Lors donc que toutes choses ont été disposées suivant les règles, on procède au nickelage proprement dit. Les objets à nickeler ayant d'abord été polis, décapés et dégraissés avec le plus grand soin, ont été conservés sous l'eau pure pour les mettre à l'abri du contact de l'air. Il s'agit maintenant de les porter dans le bain. On les retire de l'eau et, sans perdre de temps, on va les suspendre dans le bain de nickel en évitant de les toucher avec les mains. On place les crochets de suspension sur les tringles faisant face à celles des anodes. Les crochets doivent avoir une longueur suffisante pour que les objets plongent complètement dans la solution du bain. Jamais on ne mettra un objet dans le bain sans que le courant soit établi. Il ne faut pas que les objets se touchent entre eux. La meilleure distance à observer entre les anodes et les objets est de 15 centimètres environ quand les objets sont plats; mais s'ils ont des cavités profondes et des reliefs bien prononcés, on laissera de 15 à 25 centimètres et même 30 centimètres de distance entre l'objet et l'anode. On rapprochera ou on écartera les anodes pour qu'elles soient placées en face des pièces à nickeler.

Si le bain a été bien préparé et si le courant est normal, les objets sont déjà recouverts de nickel au bout de 2 ou 3 minutes. Si, après ce temps on ne voyait pas de trace de nickel sur les objets, c'est que le courant serait trop faible. On remédie à cet inconvénient par l'adjonction d'un nouvel élément si l'on travaille à la pile, et à l'aide du rhéostat si l'on travaille à la dynamo. Au besoin, il suffirait de diminuer la surface des objets à nickeler, en en retirant quelques-uns, au cas où le bain aurait été trop chargé. Pendant la durée du séjour dans le bain, on voit ordinairement des bulles de gaz se produire à la surface des objets et monter à la partie supérieure du bain ; si ces bulles se produisent doucement et avec régularité, c'est un signe que tout marche bien ; si, au contraire, les bulles se dégagent abondamment et en bouillonnant, cela indique que le courant est trop fort.

Dans ce cas, les objets se recouvrent de nickel presque immédiatement ; le dépôt est d'abord blanc et brillant, mais il se ternit rapidement et devient d'un gris mat. On diminue la force du courant en enlevant un élément, si on travaille avec des piles ; avec une dynamo le rhéostat suffira. Le même résultat peut être obtenu, en diminuant la surface des anodes et en augmentant la surface des objets. Un moyen plus simple encore consiste à enlever quelques anodes et à les suspendre à la tringle des objets; le double but est ainsi atteint : la surface des anodes est diminuée et la surface à nickeler se trouve augmentée.

En suspendant les objets dans le bain par leurs crochets ou leurs fils, on aura soin de faire glisser ces crochets ou ces fils sur la tringle pour s'assurer que les points de contact sont bien métalliques. Il n'est pas nécessaire, comme le prétendent certains auteurs, d'agiter le bain pour lui donner une marche plus régulière ; mais, chaque fois qu'on suspendra à nouveau un objet dans le bain, on fera bien de donner un petit coup léger sur la tringle de suspension. Il se produit ainsi dans le liquide un ébranlement qui chasse les bulles gazeuses adhérant parfois à la surface des objets mis dans le bain. On les changera de place de temps en temps, les retournera de droite à gauche et de haut en bas ; on examinera, sans les toucher avec la main, si le dépôt de nickel se fait régulièrement et s'il a un bel aspect. Pour cela, il faudra d'abord bien régler le courant. Au début un courant assez énergique est nécessaire pour, en quelque sorte, saisir les objets. On commencera donc avec une force électromotrice de 3 volts à 3 v. 1/2, qu'on ramènera ensuite progressivement, en se servant du rhéostat, à 2 v. 1/2.

Avec les piles, si l'on veut obtenir une bonne couche de nickel, on laissera les objets dans le bain pendant une heure et demie ou deux heures. Avec une machine dynamo la moitié de ce temps suffit.

On devra éviter autant que possible de nickeler en même temps, dans le même bain, des métaux différents. Si, par exemple, on a nickeler des pièces en cuivre et des pièces en acier, on nickellera d'abord les pièces en cuivre et, quand elles seront sorties du bain, on nickellera ensuite les pièces en acier.

Les métaux que l'on nickelle le plus souvent sont le fer, l'acier, la fonte, le cuivre et le laiton : on les nickelle direc-tement ; pour les autres, tels que le plomb, l'étain, le métal anglais, le zinc, etc., on les soumet d'abord à un bain de cuivrage ; cependant, on arrive à nickeler aussi ces métaux directement dans des bains spé-ciaux qui ne servent qu'à cet usage ; mal-gré cela, il vaut toujours mieux les recou-vrir auparavant d'une couche de cuivre : le résultat est plus sûr.

Quand les pièces à nickeler présentent des creux et des cavités, il faut avoir soin de les mettre dans le bain de telle sorte qu'il ne reste pas d'air emprisonné dans les cavités, car cet air empêcherait le contact du liquide, et, par suite, le dépôt de la couche de nickel.

Nous avons dit que, pour les pièces creuses de grandes dimensions, il fallait augmenter la distance ordinaire des anodes. En outre, si lesdites pièces présentent des creux profonds, on devra, pour pouvoir nickeler régulièrement ces intérieurs, se servir d'une petite anode que l'on reliera par un fil à la tringle des anodes et que l'on tiendra à la main pour la faire pénétrer dans les intérieurs à nickeler ; mais on ne doit pas la laisser trop longtemps, car on est obligé de l'approcher très près des parois de l'objet et le dépôt de nickel se fait alors rapidement.

Si, dans le cours du nickelage, on s'aperçoit qu'une pièce se voile un peu trop fort, c'est-à-dire que la couche de nickel prend une teinte d'un gris terne et foncé, on la sort du bain, on la brosse avec de la ponce en poudre et, après l'avoir bien rincée, on la remet dans le bain. Ce phénomène se produit quelquefois, principalement sur les objet qui se trouvent à l'extrémité des tringles. On aura donc à les surveiller tout spécialement.

Nous rappelons que, si l'on veut avoir

un dépôt de nickel bien blanc et bien brillant, il faut que la solution du bain soit légèrement acide ; si elle l'était trop, le nickel s'écaillerait. Les bains alcalins et même neutres donnent un dépôt beaucoup moins blanc et d'aspect un peu sombre.

Quand les objets ont reçu une couche suffisante de nickel (l'épaisseur ordinaire est de 25 millièmes de millimètre), on les retire du bain, on les trempe dans l'eau froide, puis dans l'eau bouillante, ce qui empêche que les pièces se rouillent, après on les sèche dans la boîte à sciure (de préférence avec de la sciure chaude).

Pour reconnaître si le dépôt de nickel est suffisamment solide, Fontaine indique le procédé suivant : on frotte vivement et énergiquement un angle de la pièce nickelée sur un morceau de bois blanc bien raboté, et cela jusqu'à ce que l'objet soit très chaud. Si le nickelage résiste à cette friction sans être attaqué, on peut le considérer comme excellent.

On a rarement besoin de déposer sur les objets nickelés une couche de nickel plus épaisse que celle indiquée plus haut ; cependant si on voulait avoir une forte épaisseur, on devrait retirer la pièce du bain, la polir légèrement, la dégraisser, la rincer et la remettre au bain. En répétant cette opération plusieurs fois, on obtiendrait une couche très épaisse.

AGITATEURS.

On sait que l'action du courant électrique qui traverse un bain galvanoplastique est d'entraîner les éléments métalliques du sel qu'il décompose vers l'objet à métalliser (cathode). Le résultat de cette action sera donc d'appauvrir la solution dans la partie environnant l'objet et de l'enrichir dans la partie avoisinant l'anode. Qu'arrivera-t-il donc lorsque le nickelage s'opérera ? La partie de la solution environnant l'objet à nickeler s'appauvrira graduellement jusqu'au moment où elle ne contiendra plus assez de métal pour conduire le courant. Il se produira alors tous les inconvénients de dépôt sans adhérence et de mauvais aspect qui causent tant d'ennuis aux galvanoplastes.

La *diffusion*, phénomène naturel qui transporte de la partie riche à la partie faible du bain une certaine quantité de sel métallique, remédie en partie à cet inconvénient ; mais l'on conçoit facilement que, si l'on aide par un procédé mécanique

Fig. 55. — Agitateur « Benson Leaver. »

quelconque cette *diffusion*, on peut obtenir un bain continuellement homogène et s'épargner les ennuis dont nous parlons plus haut.

C'est dans ce but qu'a été construit l'agitateur « Benson Leaver » représenté sur la figure 55.

Il assure horizontalement et verticalement la circulation continuelle de la solution galvanique.

Les parties plongeant dans le liquide sont en celluloïd non attaquable et les parties métalliques sont recouvertes d'une forte couche de plomb.

Cet appareil fonctionne électriquement.

Instructions pour le montage et la mise en marche de l'agitateur.

1. — La machine doit être *solidement* fixée à la cuve pour qu'elle puisse fonctionner sans vibration.

2. — Le tube horizontal de l'agitateur doit être immergé entièrement de façon que la rainure pratiquée dans la pièce en bois soit au même niveau que la surface liquide, le tube du haut contenant l'hélice plongeant de 5 centimètres environ dans la solution.

3. — Les fils de connexion du circuit principal à l'agitateur doivent être isolés et capables de conduire douze ampères sans s'échauffer.

4. — Six volts sont nécessaires pour assurer les meilleurs résultats, un plus haut voltage ferait mar-

cher le moteur trop vite, ce qui troublerait le fond de la solution.

5. — On doit graisser plusieurs fois par jour les organes plongeant dans le bain à l'aide d'enduit lubrifiant, de préférence la graisse consistante.

AVIVAGE OU BRILLANTAGE.

Les objets non polis soumis à l'action du bain de nickel ont un aspect mat, et il n'est guère possible de leur donner du brillant par l'avivage. Au contraire, les objets polis préalablement reçoivent de l'éclat et du brillant par l'avivage

Cette opération peut se faire avec des tampons ou disques en drap, en coton, en peau de chamois montés sur un des tours à polir dont nous avons parlé au chapitre traitant du polissage. Pour les gros objets en fonte, tels que les pièces de calorifères, on peut se servir de tampons en drap ; pour les objets ordinaires, on emploie le disque en coton, et, pour les objets fragiles et délicats, le disque en peau de chamois.

Les matières à polir employées sur ces disques sont : ou le rouge en poudre délayé dans un peu d'eau, ou le rouge aggloméré en pains Grauer marque N ou n° 1, ou enfin, ce qui est préférable. le blanc aggloméré Grauer n°4 (à base de chaux de Vienne). Ce dernier produit, qui a un mordant considérable, donne un brillant admirable ; cependant, pour les pièces de cuivre qui doivent être avivées légèrement, il vaut mieux employer ou le rouge en poudre, ou le rouge aggloméré. Quel que soit le produit que l'on emploie il faut éviter d'en mettre une trop grande quantité sur les disques, qui s'encrasseraient rapidement.

Quand l'avivage d'une pièce doit être particulièrement soigné, on le fait d'abord sur un disque en coton, et on termine sur un disque en peau de chamois.

NETTOYAGE FINAL.

Au sortir de l'avivage, les pièces conservent souvent des traces de matières grasses provenant des produits employés pour les aviver. On les dégraisse à la benzine avec une petite brosse à main et on les sèche à la sciure. Après les avoir débarrassées de la sciure qui a pu rester adhérente, on les essuie soigneusement à la peau de chamois et on les enveloppe aussitôt avec du papier de soie, pour les soustraire à l'influence des vapeurs qui se dégagent des bains de potasse et autres.

DÉNICKELAGE ET RENICKELAGE.

Quand, pour une raison ou pour une autre, une pièce a été mal nickelée, soit que le nickel s'écaille, soit qu'il soit couvert de stries noirâtres que ne peut enlever l'avivage, il faut la nickeler de nouveau. Mais avant de la nickeler il est nécessaire d'enlever complètement la couche de nickel qui la recouvre encore. Ce dénickelage peut se faire de deux manières : par voie chimique ou par voie mécanique. Le dernier moyen est bien préférable. On polit les pièces à nouveau, et ce polissage enlève toute trace de nickel ; on fait ainsi d'une pierre deux coups. En dénickelant par voie chimique, il faudra quand même repolir la pièce, plus légèrement, il est vrai, mais cela fait deux opérations au lieu d'une.

Nous ne conseillerons donc pas ce genre de dénickelage ; cependant, pour les personnes qui seraient tentées de l'employer, nous donnons, ci-dessous, la façon de procéder.

D'après Wat et Elmore, on peut enlever toute trace de nickel sur un objet en le plongeant dans la solution suivante :

Acide sulfurique à 66°. . .   4 litres
Acide nitrique à 36° . . .   0 kg. 500
Eau.   . . . .   0 kg. 500
Nitrate de potasse. . . .   0 kg. 050

Dans un vase en grès, on met d'abord les acides et ensuite peu à peu l'eau et le nitrate de potasse. Les pièces à dénickeler sont attachées au moyen d'un fil de laiton et plongées d'abord dans l'eau bouillante, puis vivement dans les acides pendant 25 à 30 secondes. On les retire et l'on regarde si le métal sous-jacent commence à paraître et l'on continue prudemment l'opération, jusqu'à ce que tout le nickel ait été enlevé. Chaque fois qu'on retire les pièces du bain de dénickelage, on les plonge dans l'eau froide. Cette première opération terminée, les pièces doivent être bien rincées dans l'eau chaude et séchées : ensuite on les repolit

Voici une autre formule indiquée par M. Dronier ·

Acide sulfurique à 66°. . .   1 kg.
Bichromate de potasse . .   0 kg. 500
Eau.   . . . .   10 litres

On plonge les pièces dans cette solution, et on les sort plus ou moins vivement, suivant qu'il reste ou qu'il ne reste plus de nickel ; on les lave ensuite à l'eau chaude et on les repolit.

Pour les pièces que l'on renickelle par
suite d'usure du nickel, on enlève au moyen
du polissage le nickel qui les couvre encore
par places, et on procède ensuite comme
pour un objet neuf.

Un autre procédé, employé en Angleterre, et qui donne d'excellents résultats,
consiste à immerger les pièces à dénickeler, jusqu'à complète disparition de la
couche de nickel, dans l'eau forte composée suivante, renfermée dans une cuve en
ardoise recouverte d'un couvercle de même
matière :

Acide nitrique 40° blanc   . .   6 litres
 — chlorhydrique 22°   . .   2 —
 — sulfurique 66°   . . .   8 —

Ce mélange possède la singulière propriété de n'attaquer que le nickel, tandis
qu'il est sans action sur les autres métaux,
à condition toutefois qu'il ne contienne
aucune trace d'humidité ; de là l'obligation
de le tenir dans un récipient aussi hér-
métique que possible, et surtout de n'y
introduire que des pièces *parfaitement*
sèches.

De plus, pour sa préparation, il convient
de bien tenir compte des prescriptions
suivantes : vider les acides très lentement
les uns dans les autres et dans l'ordre où

ils sont indiqués en évitant surtout leurs projections.

L'opération doit être faite en plein air en évitant de respirer les vapeurs acides qui se dégagent et sont très dangereuses ; si possible, se munir d'un masque respiratoire dont l'ouate doit être imbibée d'eau. Remuer au fur et à mesure avec un agitateur en verre et laisser enfin reposer 24 heures dans un endroit bien aéré.

Tenir ce bain en dehors de l'atelier car les vapeurs qui s'en dégagent oxyderaient très promptement les objets métalliques et machines qui s'y trouveraient.

Une cuve en ardoise recouverte d'une dalle de même matière est le récipient qui convient le mieux.

Enfin nous devons signaler également un procédé de dénickelage par voie galvanique consistant à placer les pièces comme anodes, c'est-à-dire reliées au pôle positif d'une source électrique, dans une cuve en ardoise remplie d'acide sulfurique à 53°, le pôle négatif de la même source étant amené dans le bain par des plaques de charbon de cornue placées comme objets.

L'opération se fait un peu moins rapidement que par le procédé précédent, mais on évite ainsi toute vapeur dangereuse et oxydante.

Traitées par ce procédé ou par le précédent, les pièces conservent leur poli presque intact; mais il est prudent cependant, après un rinçage abondant, de les brosser fortement à la ponce poudre avant de les soumettre à nouveau au nickelage.

INCONVÉNIENTS QUI SE PRÉSENTENT DANS LES BAINS DE NICKEL ET MOYENS D'Y REMÉDIER

Bien qu'un bain de nickel ait été monté régulièrement au début, si l'on n'a pas soin de l'entretenir et de corriger au besoin son acidité ou son alcalinité, si l'on apporte un peu de négligence à surveiller le courant et à maintenir tous les appareils dans un état de propreté parfaite, il arrive fatalement que la couche de nickel déposée n'offre plus l'aspect des premiers jours : tantôt elle est jaune, grise, noire, tantôt elle est terne ou striée de raies noirâtres, tantôt elle s'écaille ; parfois même, il ne se dépose pas de nickel sur les objets. Très souvent le nickeleur reste impuissant devant ses phénomènes, parce qu'il n'en connaît pas la cause. Il l'attribue presque toujours au bain de nickel et, sans se rendre compte si ses présomptions sont fondées, il ajoute au hasard les produits chimiques les plus divers, et il drogue tellement son bain qu'au bout de peu de temps, celui-ci refuse tout service. Pour éviter aux nickeleurs tous ces tâtonnements malheureux, nous allons examiner les principaux phénomènes qui peuvent se produire et, en indiquant leurs causes, donner, en même temps, le moyen d'y remédier.

On est quelquefois embarrassé pour distinguer si un objet en fer ou en acier bien poli a reçu une couche de nickel ; pour s'en assurer il n'y a qu'à produire sur l'objet, avec l'haleine, une buée, qui, sur le nickel, fait une tache blanche se dissipant lentement, tandis que sur le fer ou l'acier la buée est presque transparente et se dissipe plus rapidement.

Pas de trace de dépôt de nickel ; les objets ont pris une teinte sombre. — Il peut y avoir des causes différentes : faiblesse du courant qui ne peut pas décomposer la solution de sels de nickel, tringles conductrices mal nettoyées, connexion métallique insuffisante des anodes et de la tringle des marchandises ou absence totale du courant. Dans le premier cas, il n'y a qu'à employer un courant plus fort ou à diminuer la surface des objets à nickeler ; dans le second cas, rétablir le courant, qui

quelquefois est arrêté par un contact mal
établi, ou inversé. — Avoir soin de vérifier la pose des balais de la dynamo.

**Dépôt de nickel régulier, mais absence de
nickel par places.** — Deux causes également
peuvent produire ce phénomène : arran-
gement défectueux des anodes qui ne sont
pas en face des objets ou en sont trop éloi-
gnées, manque de conductibilité ou température trop basse du liquide ; contact
fortuit, dans le bain, d'objets qui ne doivent
jamais se toucher. Il n'y a donc qu'à mettre
les anodes en bonne place ou à éviter le
contact des objets entre eux. Ce même
phénomène peut encore se produire,
dans l'intérieur des objets creux, par
suite de la présence de bulles d'air adhérentes aux parois et empêchant le contact
du liquide du bain avec le métal. En se-
couant l'objet on fait disparaître ces bulles
d'air.

Dépôt de nickel parsemé de petits trous. —
La présence de poussières à la surface du
bain en est souvent la cause. Il n'y a donc
qu'à les enlever.

Parfois aussi, il faut attribuer cela à l'alcalinité du bain, qui trouble la solution ;
on fait disparaître cette alcalinité par l'ad-

dition d'un acide correspondant à la composition du bain ; il sera bon de faire bouillir ensuite le bain et de le filtrer.

Quand des bulles gazeuses s'attachent aux objets, le même phénomène peut encore se produire ; en frappant avec les doigts sur la tringle de suspension, les bulles montent à la surface et disparaissent. Cet inconvénient provient souvent de la surface insuffisante des anodes de nickel qui doivent avoir leur surface égale à celle des objets à nickeler.

Dépôt de nickel sur les parties placées en face des anodes, absence de nickel ou taches noires dans les parties creuses. — La conductibilité du bain laisse alors à désirer ; on y remédie par l'addition de sels excitateurs dans le bain. Malgré cela, si le même inconvénient se reproduisait dans les intérieurs d'objets assez grands, on se servirait d'une petite anode, tenue à la main, comme nous l'avons indiqué précédemment. Aux endroits soudés à l'étain, le nickelage présente des taches noires. Ces taches proviennent surtout de la soudure qui contient trop de plomb. Il faut nettoyer avec soin les endroits à souder, puis cuivrer ou laitoniser, ensuite rincer à fond et mettre dans le bain de nickel.

Dépôt de nickel régulier, mais d'une teinte sombre, et avec taches et marbrures. — Cet inconvénient est un de ceux qui se présentent le plus souvent ; il peut avoir cinq causes principales : 1° le bain est trop alcalin ; on s'en assure à l'aide du papier de tournesol, et on donne alors au bain le léger degré d'acidité voulu : 2° le bain est trop concentré ; on en est averti par la formation de cristaux de sels de nickel sur les parois de la cuve et sur les anodes ; il suffira d'ajouter de l'eau au bain ; 3° le bain de nickel ne contient plus suffisamment de nickel ; on y ajoutera des sels de nickel ; 4° le dégraissage et le décapage ont été incomplets : recommencer ces opérations et remettre les objets au bain, sans leur donner le temps de sécher ; 5° conductibilité incomplète du bain : on le rend conducteur en y ajoutant des sels excitateurs.

Dépôt de nickel régulier, mais avec teinte jaunâtre. — Le bain est alcalin ou sa composition est défectueuse. Dans le premier cas, on l'acidifie ; dans le second, il faut demander les conseils d'un spécialiste.

Cette teinte jaunâtre peut se montrer aussi sur les objets de fonte, dans certaines parties où le métal n'a pas été mis à nu ; le mal est facile à réparer à l'aide d'un brossage ou d'un gratte-bossage, après lequel on remet au bain les pièces préalablement bien nettoyées et bien rincées.

Dépôt de nickel d'abord blanc et devenant ensuite gris mat, principalement dans les creux et dans les angles. — Un courant trop fort est ici le seul coupable. On l'affaiblira au moyen du rhéostat, ou en augmentant la surface des objets à nickeler. Il faudra aussi retourner souvent les objets.

Dépôt de nickel blanc, mais s'enlevant par écailles. — Quatre causes peuvent contribuer à ce manque de solidité de la couche de nickel : 1° un courant trop fort ; le moyen d'y remédier est facile ; 2° trop grande acidité du bain ; on la corrigera en y ajoutant de l'ammoniaque liquide ou du carbonate de nickel, suivant la composition du bain ; 3° dégraissage et décapage défectueux ; on enlèvera d'abord la couche de nickel, au moyen du polissage ; on dégraissera avec le plus grand soin et on remettra au bain ; 4° alcalinité du bain à laquelle on remédiera en réacidulant le bain, soit à l'acide sulfurique, soit à l'acide citrique ; mais ici nous devons faire une recommandation importante : il ne faut jamais réaciduler un bain sans se rendre compte au préalable s'il ne contient pas un métal étranger, cas dans lequel il est absolument nécessaire, avant d'effectuer toute addition d'acide, de procéder à sa purification suivant les indications que nous avons données.

En effet, si un bain dans lequel on nickelle du fer ou de l'acier devient alcalin, le fer dont il se charge à la longue par le travail ne reste pas en solution et tombe au fond de la cuve sous forme d'une boue jaunâtre, qui, si l'on n'a pas soin de l'éliminer par décantation avant d'ajouter l'acide, se redissout au contact de ce dernier.

Le résultat est encore plus mauvais qu'avant la remise au point de l'acidité et il faut à nouveau rendre volontairement le bain alcalin, puis le laisser reposer plusieurs jours pour permettre au fer de se précipiter, d'où double opération et perte d'un temps précieux.

En général un bain alcalin donne un dépôt de nickel s'enlevant par très petites écailles surtout dans les angles, tandis qu'un bain trop acide donne un dépôt s'enlevant par grandes écailles.

DIFFÉRENTS PROCÉDÉS DE NICKELAGE.

Nickelage à la passoire ou au tamis. — Lorsqu'on a à nickeler des articles de petites dimensions tels que vis, boutons, etc., dont l'attachage serait difficile ou demanderait beaucoup de temps, on les place dans une passoire en grès dans l'intérieur de laquelle on a fixé des bandes de laiton ou du fil de laiton pour assurer la communication avec la tringle des objets. On étale les petites pièces à nickeler au fond de la passoire, de manière à ne pas avoir une couche trop épaisse, et on les agite continuellement pour les faire changer de place et de position. En opérant de cette manière dans un bain chaud, on arrive à effectuer l'opération plus rapidement. Au lieu de passoire en grès, on emploie fréquemment, dans le même but, une sorte de tamis ou panier en fil métallique formant grillage assez serré ; on relève les bords de ce grillage de manière à former boîte ; on réunit les angles opposés par du fil de laiton de manière à en faire une sorte d'anse pour qu'on puisse suspendre le tout à l'aide d'un crochet. Dans cet appareil il n'est pas nécessaire d'agiter les objets aussi souvent que dans la passoire en grès.

Nickelage au tonneau. — Pour le nickelage en masse des petits articles, on a inventé un appareil permettant le dépôt galvanique du nickel, cuivre, etc., sur tous les objets en métal à l'aide d'un tonneau.

Cette invention est de telle nature, qu'elle peut être appliquée à 60 %, au moins des spécialités ayant recours au nickelage, cuivrage, etc.

Les avantages qu'offre ce système sont considérables, notamment pour le nickelage en masse sans ravivage *de petits articles, tels que :* aiguilles, épingles, rayons de bicyclettes, boulons, bouclerie, plumes métalliques, vis, écrous, rivets, agrafes, boutons, chaînes, etc. ; *en un mot, tous les objets d'un volume infime. Nous les résumons par :* diminution du prix de revient ; augmentation de la production.

Ce système permet aux fabricants de petits articles de toute espèce de nickeler et de cuivrer, à *bon marché*, une très grande quantité d'objets, sans avoir recours aux nombreuses manipulations dont ils ne pouvaient se dispenser jusqu'ici : attachage, lavage, détachage, ravivage.

Les objets à *nickeler au tonneau* sont

préparés de la même manière que pour le nickelage ordinaire, puis on les place en quantité mélangés dans l'appareil sans les attacher. Le tonneau une fois immergé reçoit d'une courroie spéciale un mouvement continu de rotation, ce qui donne aux objets, pendant que le nickel se dépose, un brillant dispensant du ravivage.

Nous recommandons de ne placer dans l'appareil qu'une quantité d'objets dont le poid n'excédera pas 12 à 100 kilogrammes selon la grandeur du tonneau.

Les installations existantes peuvent éventuellement servir pour l'application de ce système.

Nous conseillerons, pour la réussite de cette invention, d'observer les conditions suivantes :

Bains de nickel. — Ce bain doit être neutre ou légèrement acide.

La densité de la solution de nickel doit être au moins de 10° Baumé.

La température ne doit pas être inférieure à 15 ou 16°.

La dynamo doit avoir un rendement l'ampères en rapport avec la capacité de l'appareil sous 10 à 15 volts.

Pour faciliter le montage de l'appareil,

nous recommandons d'observer les dispositions du plan ci-après.

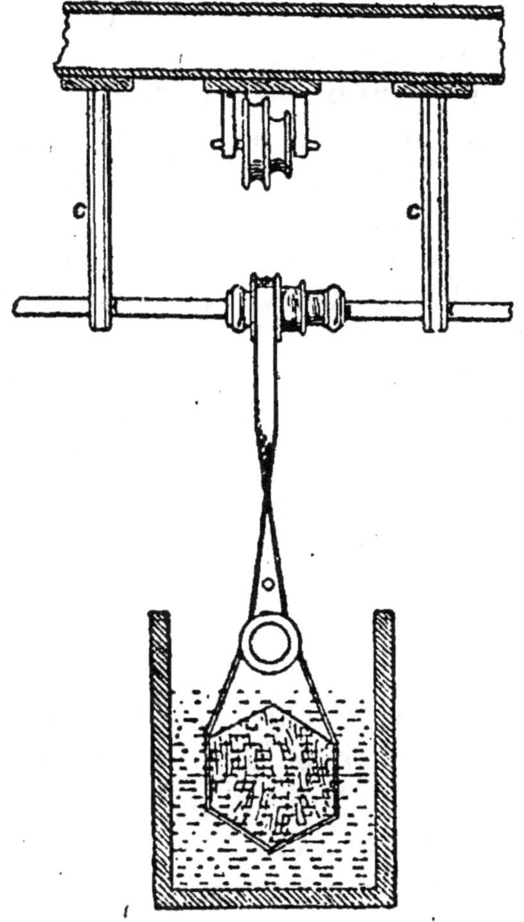

Fig. 56. — Plan n° 1.

Ce plan ne démontre pas comment le bain doit être relié à la source électrique ; il est simplement destiné à donner un aperçu : 1° du bâti placé au-dessus de la cuve contenant le bain ; 2° des accessoires servant à descendre et à remonter à volonté l'appareil, et à lui communiquer un mouvement de rotation.

Les deux supports C (fig. 56, plan n° 1) ne doivent pas être placés directement au-dessus de la cuve, mais de chaque côté ; l'arbre recevant la poulie-cône A doit avoir à peu près 30 millimètres de diamètre et tourner à une vitesse de 100 tours à la minute.

Pour l'élévation de l'appareil, on fixe deux poulies au plafond ; sur ces deux poulies passent deux cordages, qui viennent s'accrocher à la tringle servant à suspendre le tonneau, comme il est indiqué au plan n° 2. (fig. 57)

Préparation des objets à nickeler. — Les pièces doivent être propres et débarrassées de toute trace de graisse ; pour cela, on les passe au bain de potasse bouillant, on les rince ensuite dans de l'eau propre, puis on les plonge dans un bain composé de : une partie d'acide sulfurique et dix parties d'eau. Ce procédé dispense du nettoyage à la main ; on les rince de nouveau dans de l'eau propre ; ils sont ainsi prêts à être mis dans l'appareil.

Nous recommandons de ne point mélanger les objets en cuivre avec ceux en fer ou en acier.

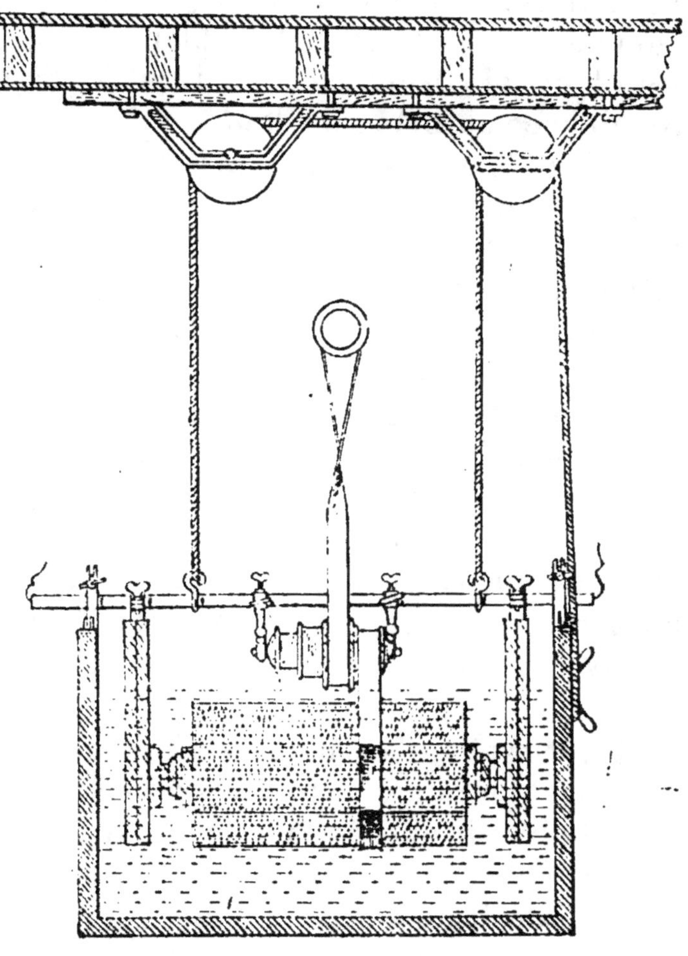

Fig. 57. — Plan n° 2.

Vitesse à donner à l'appareil. — Pour les articles de forme ronde ou cylindrique, tels que : rayons de bicyclettes, rondelles, rivets, épingles, boutons, etc., la vitesse est de 35 tours à la minute : on obtient cette vitesse à l'aide du cône qui est placé, comme il est dit, page 239, plan n° 2 (A) ; les objets ainsi nickelés sortiront de l'appareil avec un blanc brillant.

Les articles à surfaces plates ou angulaires, comme écrous, vis, etc., doivent tourner beaucoup plus lentement ; pour ceux-ci, il convient de donner à l'appareil une vitesse de 3 à 5 tours seulement à la minute.

Les objets sont de cette façon bien nickelés, mais ils nécessitent le ravivage.

Ce dernier procédé évite la longue et ennuyeuse méthode d'attacher et de détacher les pièces ; il augmente donc la production, tout en diminuant la main-d'œuvre.

Chargement de l'appareil. — L'appareil ne doit être rempli qu'à moitié si on a l'intention d'obtenir une surface brillante ; mais il doit être presque plein si le nickelage seul est désiré.

Lorsque l'appareil est à plusieurs compartiments, chaque case doit être au moins à moitié remplie pour qu'un courant unique soit établi.

Ne laisser aucun compartiment vide.

Pour vider l'appareil. — Les articles sont retirés, puis rincés dans une eau froide et très propre ; on les sèche aussi rapidement que possible dans de la sciure de bois bien sèche.

On emploie pour ce travail des barils à sécher de plusieurs grandeurs ; ce procédé remplace le séchage à la main, il est plus rapide et plus économique ; en outre il donne un plus beau fini.

Soins, propreté, entretien. — L'appareil et tous ses accessoires doivent être nettoyés à fond journellement.

Le tonneau doit toujours être conservé à l'état humide : ainsi, quand il ne fonctionne pas, il est nécessaire de le recouvrir d'un chiffon imbibé d'eau ou, si possible, de le laisser tremper dans un baquet d'eau froide.

Contacts. — Ceux-ci doivent être changés au moins une fois par mois.

Les contacts se démontent en les dévissant : nous recommandons aux personnes chargées de ce travail d'avoir le plus grand soin de replacer les nouveaux aux lieu et place des anciens.

NOUVEL APPAREIL POUR LE DEPOT GALVANIQUE DES MÉTAUX

NICKELAGE, CUIVRAGE, ZINGAGE, LAITONISAGE EN MASSE DES PETITES PIÈCES.

Les établissements Grauer et Cie sont arrivés à construire un nouveau type d'appareil (fig. 58) pour *nickelage en masse des petites pièces* supprimant d'une manière radicale tous les inconvénients qu'une longue expérience les a mis à même de constater dans les anciens systèmes.

Jusqu'à ce jour on a employé, pour le dépôt électrique des métaux sur les menus objets tels que : *épingles*, *clous*, *rivets*, etc., des tonneaux ou récipients à axe rotatif horizontal ou incliné.

Ces tonneaux, lorsqu'ils tournaient horizontalement, étaient fermés hermétiquement et simplement munis de trous pour permettre le passage du liquide et du courant ; ils tournaient alors dans une cuve contenant le bain et les anodes.

Lorsqu'ils tournaient sur axe incliné, ils étaient ouverts à leur partie supérieure et contenaient le bain et les anodes.

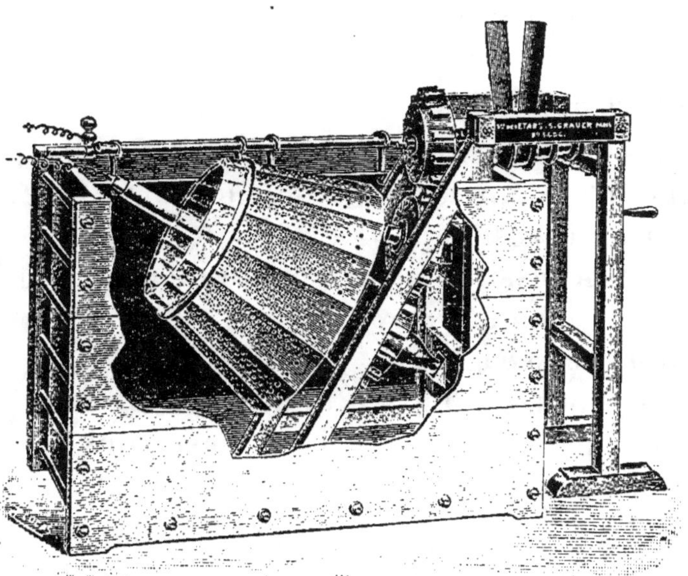

Fig. 58. — Appareil pour dépôts galvaniques sur petites pièces.

Dans le premier cas (tonneaux ou appareils tournant horizontalement dans une cuve contenant le bain et les anodes), les appareils adoptés présentaient entre autres inconvénients, les suivants :

a) — Pour suivre la marche de l'opération, il était nécessaire de sortir complètement l'appareil du bain et de l'ouvrir, d'où perte de temps et danger d'oxydation des pièces au contact de l'air.

b). — Par suite de l'herméticité de la fermeture, l'appareil lui-même opposait une grande résistance au passage du courant et nécessitait ainsi l'emploi d'un voltage relativement élevé.

Dans le second cas (tonneaux ou récipients tournant sur axe incliné et renfermant le bain et les anodes), les inconvénients les plus graves étaient les suivants :

a) — Le volume forcément restreint du bain occasionnait son épuisement rapide et, par suite, nécessitait son remplacement fréquent.

b) — L'anode et les objets se trouvant dans le même récipient, il y avait danger de production de courts-circuits.

Partant de ces données, les Établissements Grauer et Cie se sont fixé pour but la création d'un appareil permettant de suivre la marche de l'opération sans l'arrêter ni la ralentir, c'est-à-dire sans retirer l'appareil du bain.

Ils y sont parvenus en adoptant un modèle de forme pouvant varier suivant la nature des pièces à traiter, ouvert à sa partie supérieure et tournant sur axe incliné dans une cuve contenant le bain et les anodes.

Ils ont ainsi supprimé, en même temps, la résistance qu'offrait au passage du courant, le couvercle des appareils à fermeture hermétique.

Il est facile de se rendre compte du fonctionnement d'après la gravure figurant à la page 244.

Le pôle positif de la source électrique est comme d'habitude relié aux deux tringles supportant les anodes, ces dernières plongeant dans le bain.

Le pôle négatif est relié à un fourreau mobile pénétrant dans l'appareil par la partie supérieure de ce dernier et communiquant avec les pièces par une tige dont l'embase métallique est fixée sur le fond dudit appareil.

De ce fait, le courant, pour pénétrer dans le récipient, n'éprouve plus aucune résistance et n'emprunte aucune de ses parties mécaniques motrices pas plus que ses parois.

L'appareil est uniquement supporté dans la cuve par sa partie inférieure qui repose sur un bâti en bois duquel il peut être facilement dégagé par simple traction opérée à l'aide d'un petit palan.

Toutes les parties mécaniques motrices immergées dans le bain sont en bois, d'où impossibilité matérielle de l'altération liquide par la présence d'un métal quelconque.

La poulie cône de commande est à trois vitesses et est située sur la partie du châssis placée en dehors de la cuve, ce qui en permet l'accès facile.

Le diamètre de l'appareil et sa position inclinée obligent les pièces à un roulement continuel en deux sens contraires assurant ainsi un polissage et un ravivage irréprochables.

Nickelage par contact et par simple immersion. — F. Stolba, à Prague, a préconisé l'emploi d'un bain permettant de nickeler sans l'aide du courant électrique. Pour préparer ce bain, on procède de la manière suivante : dans une chaudière de cuivre bien décapée, on met une solution concentrée de chlorure de zinc additionnée du double de son volume d'eau : on chauffe, et il se produit un précipité qu'on redissout en ajoutant, goutte à goutte, de l'acide chlorhydrique. Au bout de quelques minutes, tout le cuivre de la cuve se recouvre d'une couche de zinc, partout où il est en contact avec la solution. On met ensuite dans le bain assez de sulfate de nickel pour lui donner une coloration verte bien prononcée ; alors on y plonge les objets à nickeler, auxquels on joint des rognures de zinc, pour qu'il y ait beaucoup de points de contact. On continue de chauffer la solution, et le nickelage doit être terminé au bout d'un quart d'heure. Il est bien entendu que les objets à nickeler doivent être préalablement polis, décapés et dégraissés.

En chauffant une solution composée de 2 kilogrammes et demi de sulfate de nickel ammoniacal avec le même poids de chlorhydrate d'ammoniaque dans 10 litres d'eau et en y ajoutant de la tournure de fer, on obtient un bain qui recouvre d'une légère couche de nickel les objets en cuivre et en laiton qu'on y plonge.

Il existe encore d'autres procédés de nickelage au trempé, mais ils ne donnent jamais qu'une légère couche de nickel, et encore ce nickel est toujours additionné d'étain.

Bains au nickel carbonyle. — En 1891, Mond, Lang et Quinche, en Angleterre, remarquèrent qu'en faisant passer un courant d'oxyde de carbone sur le nickel pur en poudre fine, réduit par l'hydrogène, il se produisait un liquide, auquel ils donnèrent le nom de *nickel carbonyle*.

Ce liquide dégage des vapeurs à froid et bout à 43°. Or, en y plongeant un métal quelconque, il se recouvre aussitôt d'une couche de nickel. Pour que, depuis sa découverte ce procédé n'ait pas reçu plus d'applications, il est probable que les résultats pratiques ne sont pas très satisfaisants.

Nous en avons fait mention, ainsi que des procédés par contact et par immersion, plutôt à titre de curiosité qu'au point de vue pratique.

Purification des bains. — Quand les bains ont travaillé pendant quelque temps, ils contiennent presque toujours des matières étrangères, qui altèrent la qualité des dépôts. Ces matières proviennent soit des produits employés, soit des anodes, soit des pièces nickelées, et sont cause que le dépôt de nickel ne possède plus sa blancheur primitive. On fait disparaître cet inconvénient en débarrassant le bain de ses impuretés, qui consistent souvent en parcelles de fer et de cuivre. Pour le cuivre, on verse dans le bain, en agitant fortement, une petite quantité de sulfure de sodium en dissolution. On laisse reposer 12 heures et on décante ; on rince ensuite la cuve, on remet le liquide auquel on donne l'acidité voulue, au moyen de l'acide citrique.

Pour le fer, on ajoute au bain une dissolution de chlorure de chaux et ensuite un peu de blanc de Meudon ; on laisse reposer 12 heures, on décante et on acidifie si besoin est.

On peut aussi, et le procédé s'applique aussi bien au fer qu'au cuivre, mettre simplement dans le bain une certaine quantité de craie (blanc de Meudon) et le rendre légèrement alcalin. La craie précipite avec elle les impuretés du bain, qu'elle entraîne au fond. Il n'y a plus ensuite qu'à laisser reposer le bain et le tirer au clair, en évitant toutefois l'emploi de tout récipient métallique pour cette opération.

Rechargement des bains. -- Un bain de nickel bien conditionné doit durer plusieurs années, à condition d'être rafraîchi de temps en temps. Il faut avoir soin, en rechargeant un bain, de n'employer que les mêmes sels qui sont entrés dans sa composition : autrement on s'exposerait à le voir fonctionner irrégulièrement et finir par refuser le service.

LAITONISAGE

Dans beaucoup d'industries on a recours aujourd'hui à un dépôt de cuivre jaune pour donner l'aspect du laiton aux objets en fer, en acier ou en zinc.

Une solution qui donne pour cet usage d'excellents résultats est la suivante :

Sulfate de cuivre. . .	1 kg. 750
Sulfate de zinc.	1 kg. 250
Arsenic blanc	0 kg. 020
Carbonate de soude. . .	6 kg.
Bisulfite de soude. . .	2 kg.
Cyanure de potassium pur.	2 kg.
Eau de pluie ou distillée.	100 litres

Préparation du bain.

1° Faire dissoudre en même temps le sulfate de cuivre et le sulfate de zinc dans 30 litres d'eau ;

2° Faire dissoudre à part 4 kilos de carbonate de soude dans 30 litres d'eau également, verser ensuite la deuxième solution dans la première, en ayant soin de bien remuer.

Par le mélange de ces deux solutions, il se forme un précipité de carbonate de cuivre et de carbonate de zinc ; pour séparer ce précipité du liquide, on filtre le tout à l'aide d'une toile suspendue par les quatre coins et on laisse l'eau inutilisable et nuisible s'écouler, puis on verse encore une fois ou deux de l'eau pure sur le précipité pour bien le laver et on laisse égoutter.

Il ne faut pas laisser sécher le précipité, car il se dissoudrait difficilement.

Aussitôt qu'il est égoutté, on le met dans la cuve qui doit servir de bain ; on verse dessus 90 litres d'eau, on y ajoute le bisulfite de soude et les 2 kilos de carbonate de soude qui restent, en ayant soin de remuer jusqu'à dissolution complète.

On fait alors dissoudre à part dans 10 litres d'eau 2 kilos de cyanure de potassium pur et 20 grammes d'arsenic blanc. On ajoute cette solution au bain qui, de trouble et de verdâtre qu'il était, devient clair et incolore.

On laisse reposer et, s'il se trouve des impuretés dans le bain, on décante et on filtre.

On ajoute à la solution ainsi obtenue de

4 à 500 grammes d'ammoniaque liquide.

Les anodes doivent rester dans le bain, même quand il ne travaille pas.

Pour bien marcher, le bain ne doit pas être trop concentré, il ne doit pas marquer plus de 6° à l'aréomètre de Baumé, et la meilleure température est celle de 20°.

La tension du courant électrique est de 2 à 4 volts.

Un autre bain que nous avons expérimenté et qui a donné le meilleur résultat et un dépôt très épais est composé comme suit :

Eau.	1 litre
Cyanure de cuivre et de potassium.	40 gr.
Cyanure de zinc et de potassium.	40 gr.
Cyanure de potassium, 98 %.	2 gr.
Chlorure d'ammonium . . .	2 gr.
Carbonate de soude anhydre .	10 gr.

Faire dissoudre à chaud et remuer jusqu'à complète dissolution en évitant que la température monte au delà de 65°.

INCONVÉNIENTS QUI SE PRÉSENTENT DANS LES BAINS DE LAITON ET MOYENS D'Y REMÉDIER.

Instructions pour la correction du bain de laitonnage à épaisseur.

Manque de carbonate de soude ou de chlorure d'ammonium. — Les anodes sont noires ou violettes, au début, les pièces se teintent uniformément en rose malgré que l'on force le courant, et elles finissent par devenir brunes au bout de peu de temps de marche. Ajouter du carbonate de soude dans la proportion de 2 à 5 grammes par litre ; si l'action du carbonate de soude est insuffisante pour ramener à un fonctionnement normal, ajouter du chlorure d'ammonium à raison de 1 à 3 grammes par litre.

Si au bout de quelque temps, après l'adjonction du chlorure d'ammonium, les anodes se recouvraient d'un dépôt blanc, il conviendrait d'ajouter du cyanure de potassium dans la proportion de 1 à 3 grammes par litre.

Manque de cyanure de potassium. — Les anodes se recouvrent pendant le travail d'une boue blanchâtre et verdâtre surtout à la surface du bain, et en enlevant cette boue, on remarque sur le métal des taches roses ; les pièces se recouvrent d'une teinte irrégulière rouge par endroits, et jaune par d'autres. Il faut alors ajouter du cyanure dans la proportion de 1 à 5 grammes par litre. Un excès de cyanure occasionne un bouillonnement très fort autour des pièces et le dépôt devient très lent. Il faut, pour combattre cet inconvénient, ajouter du chlorure d'ammonium, 1 à 3 grammes par litre, et des cyanures doubles de zinc et de potassium et de cuivre et de potassium (5 à 10 grammes de chaque par litre).

Manque d'adhérence du dépôt. — La teinte est belle à 2 1/2 ou 3 volts, mais au bout d' 1/4 d'heure il se forme de petites cloques sur les pièces, ajouter du bicarbonate de soude dans la proportion de 5 à 10 grammes par litre.

Appauvrissement du bain. — Les anodes sont normales, la teinte du dépôt est bonne, mais le travail se fait lentement, il faut alors remonter la densité en ajoutant des sels composés dans la propor tion de 20 à 30 grammes par litre ; ils sont expédiés sur demande sous le nom de sels régénérateurs, sur indication de la contenance du bain.

DORURE

La dorure se fait à chaud pour les petites pièces, à froid pour les grosses. La première est la plus résistante ; elle a, de plus, l'avantage d'être plus vive en couleur.

DORURE GALVANIQUE A CHAU

Nous donnons ci-dessous les principales formules :

Formule A.

Eau distillée	10 litres
Phosphate de soude	300 gr.
Bisulfite de soude.	10 gr.
Cyanure de potassium 98 °/₀ .	10 gr.
Chlorure d'or	20 gr.

Pour préparer cette formule, on dissout :

1° Dans 8 litres d'eau chaude le phosphate de soude ;

2° Dans un demi-litre d'eau chaude le bisulfite de soude ;

3° Dans un litre d'eau chaude, le chlorure d'or ;

4° Dans un demi-litre d'eau chaude, le cyanure de potassium.

On laisse refroidir les 8 litres d'eau contenant le phosphate de soude, et on ajoute la dissolution de chlorure d'or. Ensuite, on verse dans ce mélange la solution de bisulfite, puis celle de cyanure de potassium ; à ce moment, le liquide se décolore rapidement.

Si on ne laissait pas refroidir la solution de phosphate et si on y versait le chlorure à chaud, il risquerait de se métalliser.

Travailler avec un courant de 2 1/2 à 3 volts 1/2 les pièces étant dans le bain, et en employant une anode d'or.

Suivant que l'on emploie un courant plus ou moins fort et que l'anode plonge plus ou moins dans le bain, le ton de la dorure est plus ou moins chaud.

Les pièces sont parfaitement décapées et matées s'il y a lieu avant d'être dorées.

La durée d'immersion peut varier de 10 minutes à 1/2 heure suivant l'épaisseur que l'on désire atteindre ; un quart d'heure est une bonne moyenne.

Formule B (ROSELEUR).

Eau distillée	10 litres
Phosphate de soude	600 gr.
Bisulfite de soude.	100 gr.
Cyanure de potassium, 98 % .	10 gr.
Chlorure d'or	10 gr.

Cette formule convient pour argent, bronze, cuivre, maillechort, etc. On fait dissoudre comme pour formule A.

Formule C (TOMMASI).

Eau distillée	1 litre
Phosphate de soude cristallisé	60 gr.
Bisulfite de soude.	10 gr.
Cyanure de potassium . . .	1 gr.
Chlorure d'or	1 gr.

Pour préparer cette formule, on dissout :

1° Dans 0 l. 800 d'eau distillée le phosphate de soude ;

2° Dans 0 l. 100 d'eau distillée le chlorure d'or.

3° Dans 0 l. 100 d'eau distillée le bisulfite de soude et le cyanure de potassium.

On laisse refroidir et on mélange la solution de chlorure d'or et celle de phosphate de soude ; ensuite, la dissolution de bisulfite de soude.

Cette formule convient pour le cuivre, l'argent et les alliages riches en cuivre.

Formule D (Brunel).

Eau distillée	1 litre	
Phosphate de soude cristallisé.	50 gr.	»
Bisulfite de soude.	12 gr.	5
Cyanure de potassium pur. .	0 gr.	5
Chlorure d'or	2 gr.	»

Pour préparer cette formule, opérer comme pour C.

Elle convient pour la dorure du fer, de la fonte, de l'acier, sans cuivrage préalable.

Pour la dorure à chaud, on place les objets sur un crochet et on les plonge pendant 2 ou 3 minutes dans le bain chauffé à 50 ou 60° centigrades. Pendant l'opération, il faut agiter les objets continuellement.

L'intensité du courant doit être faible, 2 ou 3 volts ; si le dépôt ne s'effectuait pas bien, c'est que les objets n'auraient pas été bien nettoyés.

Selon que l'on plonge l'anode plus ou moins dans le bain, on obtient une teinte plus ou moins jaune.

DORURE GALVANIQUE A FROID.

Formule A (ROSELEUR).

Eau distillée.	1 litre
Cyanure de potassium pur. .	20 gr.
Or vierge	10 gr.

On prépare ce bain de la manière suivante :

On chauffe 10 grammes d'or, 12 gr. 5 d'acide azotique pur et 25 grammes d'acide chlorhydrique. Lorsque l'or est complètement dissous, on chasse l'excès d'acide en chauffant encore quelques instants jusqu'à ce que le liquide ait pris une consistance sirupeuse et une couleur rouge brique foncée. On laisse refroidir, et on dissout dans 200 grammes d'eau et on filtre. On dissout les 20 grammes de cyanure de potassium dans 800 grammes d'eau. On mélange alors les deux solutions.

Pour avoir un bon bain, il faut le faire une heure ou deux avant de s'en servir.

On l'entretient à l'aide de cyanure de potassium et de chlorure d'or par quantités proportionnelles à celle du bain.

Formule B (BRUNEL).

Eau distillée	1 litre
Cyanure de potassium pur	9 gr.
Chlorure d'or pur	3 gr. 5

Pour préparer ce bain, on dissout séparément le cyanure de potassium et le chlorure d'or, on mélange ces deux solutions et on ajoute l'eau distillée.

DORURES ROSE ET ROUGE.

La composition du bain varie suivant le ton que l'on désire obtenir. Le plus généralement on emploie un mélange de une partie de bain d'argent, vingt parties de bain de dorure et dix parties de bain de cuivre.

L'opération est assez délicate et nécessite un certain tour de main ; un courant trop faible ne donne qu'un dépôt d'argent, tandis qu'un courant trop fort ne donne qu'un dépôt de cuivre rouge.

En supprimant le bain d'argent dans la formule ci-dessus on obtiendra la dorure rouge.

DORURE VERTE.

La réussite de cette dorure présente les mêmes difficultés que celle de la dorure rose. On fait usage d'un bain de dorure un peu affaibli auquel on ajoute, goutte à goutte, un peu d'une solution de nitrate d'argent dans l'eau distillée, tandis qu'on maintient dans le bain une pièce témoin sous une tension (voltage) bien fixe en agitant le bain à chaque goutte ajoutée.

On cesse l'addition de solution argentique lorsque la teinte du dépôt obtenu correspond à celle recherchée.

On peut encore obtenir une coloration verte en argentant l'objet au préalable et en le recouvrant ensuite d'une légère trace de dorure.

DORURE MATE VELOUTÉE.

S'il est possible de donner le brillant aux objets dorés soit par le brunissage, soit par un polissage approprié, il est plus difficile d'obtenir le mat velouté qui constitue une des spécialités des doreurs parisiens.

Aucune opération mécanique ne permet d'y arriver, seule l'action galvanique du bain suivant permet de réussir

Eau . . . .   1 litre
Sulfate de cuivre pur . . .   200 gr.
Acide sulfurique à 66° . . .   15 gr.

avec petite anode en cuivre électrolytique ; durée d'immersion 1/4 d'heure à 1/2 heure ; tension 1 1/2 à 2 volts ; la distance entre l'anode et l'objet étant de 10 c/m environ.

. En sortant de ce bain, les pièces sont bien rincées à l'eau courante et immédiatement portées au bain d'or.

Observations sur la dorure galvanique.

Les meilleures cuves pour contenir les bains à froid sont celles en ardoise, en grès ou en verre ; pour les bains à chaud il faut avoir recours à celles en fonte émaillée ou mieux en tôle soudée à la soudure autogène, puis émaillées fortement intérieurement.

Ces cuves, en fonte ou en tôle émaillée, sont généralement chauffées à feu nu sur fourneau en briques ou par rampe à gaz à brûleurs Bunsen lorsqu'on dispose de ce mode de chauffage ; mais nous préférons le chauffage au bain-marie lorsque les circonstances en permettront l'installation, car la chaleur se répartissant uniformément, il n'y a pas danger d'éclatement de l'émail par endroits.

De plus, le bain devant toujours contenir une certaine quantité de cyanure de potassium en liberté, ne doit pas être chauffé à plus de 70° sous peine de décomposition de ce produit ; le bain-marie par la facilité de son réglage possède donc un double avantage.

Bien que la surface des anodes doive en général ne pas être inférieure au tiers de celle des objets, on peut à la rigueur, en augmentant le voltage, diminuer cette surface, mais cela n'est pas à conseiller.

Les anodes d'or vierge étant coûteuses, il est compréhensible que, lorsque l'objet à dorer présente une surface relativement grande, on recherche à diminuer le plus possible la dépense d'installation ; mais, dans ce cas, on emploie une anode d'or, de dimensions restreintes, courantes, à laquelle on relie une anode en charbon de cornue, dont on immerge une plus ou moins grande partie dans le bain, de manière à équilibrer les surfaces dans la proportion indiquée ci-dessus.

Que l'anode soit en or vierge ou en charbon, le crochet la suspendant doit toujours

être en fil de platine pour éviter l'introduction dans le bain des traces de métaux
étrangers toujours nuisibles à son fonctionnement.

En bien des circonstances, en raison du
prix élevé du métal à déposer, le doreur a
besoin de se rendre compte exactement du
poids de l'or déposé sur un objet ou un lot
d'objets ; il lui est facile de calculer ce
poids à l'aide d'un ampèremètre de précision de 0 à 5 ampères, gradué par 1/10
d'ampère, intercallé dans le circuit :

Un courant d'un dixième d'ampère qui
passe dans le bain pendant 60 minutes dépose 0 gr. 24448 d'or ; si, par exemple, on
veut calculer le poids déposé sur une sta-
tuette dont la dorure a nécessité le passage
d'un courant de 27/10 d'ampère pendant
25 minutes, la simple règle de trois suivante donnera le résultat

$$\frac{0,24448 \cdot 27 \times 25}{60} = 2 \text{ gr. } 7504.$$

Il ne nous reste plus qu'à examiner
quells sont les causes d'insuccès et quels
sont les moyers d'y remédier :

Le chlorure d'or employé à la préparation des bains doit être de couleur brune
et contenir environ 50 pour cent d'or métal ; si un bain neuf, préparé d'après les

dosages exacts donnés par l'une des formules que nous avons indiquées, donne un dépôt trop foncé, bien que l'on opère avec un courant normal, il convient d'augmenter légèrement la quantité de cyanure de potassium ; cela se produit généralement lorsque le chlorure d'or n'a pas été complètement débarrassé des traces acides au cours de sa préparation.

Au contraire, un dépôt trop pâle est dû à un excès de cyanure par rapport à la quantité de métal contenue dans le bain ; on y remédiera en ajoutant une faible quantité de chlorure d'or dissoute dans un peu d'eau distillée froide.

Ces deux indications permettront de rectifier les bains au fur et à mesure de leur fonctionnement.

Au bout de quelque temps de travail, les bains de dorure contiennent une certaine quantité de carbonate de potasse provenant de la décomposition du cyanure par le passage du courant ; comme la présence de ce corps en trop grande quantité entraîne à une consommation plus grande d'énergie électrique, on en débarrassera le bain à l'aide d'une solution de cyanure de baryum, *exempt d'ammoniaque*, dans l'eau distillée qu'on ajoutera au bain, jusqu'à ce qu'il ne se produise plus de précipité blanc de carbonate de baryte dans la partie supérieure du liquide.

Le bain, après agitation, sera laissé au repos et au bout de 10 à 12 heures, il ne restera plus qu'à séparer le précipité par décantation ou par filtration ; comme cette opération a pour effet de régénérer une quantité de cyanure de potassium, il est généralement utile de la faire suivre d'une addition de chlorure d'or en solution dans l'eau distillée froide.

Indépendamment des différents tons que permettent d'obtenir les variations d'intensité du courant, on modifie assez souvent à l'aide de patines l'aspect de la dorure.

Nous allons terminer ce chapitre par les formules de quelques-unes de ces patines :

Pour donner une teinte chaude tirant sur le rouge brun :

Cire jaune d'abeilles	15	parties
Acétate de cuivre pulvérisé. .	8	—
Sulfate de zinc — . .	4	—
Oxyde noir de cuivre. . . .	4	—
Borax	1	—
Ematite pulvérisée.	6	—
Sulfate de fer —	2	—

Pour donner une coloration verte :

Cire jaune d'abeilles	15	parties
Acétate de cuivre pulvérisé. .	4	—
Sulfate de zinc — . .	8	—
Oxyde noir de cuivre. . . .	2	—
Borax	1	—
Ematite pulvérisée.	6	—
Sulfate de fer —	2	—

Pour rehausser l'éclat de la dorure jaune :

Eau.	10	parties
Nitrate de soude pulvérisé . .	6	—
Sulfate de zinc — . .	3	—
Chlorure de sodium	3	—

On prépare les deux premières de ces patines en faisant fondre la cire, à laquelle on ajoute ensuite tous les autres produits pulvérisés et bien mélangés, au moment de l'employer ; on en enduit bien l'objet à l'aide d'un pinceau un peu dur et on le porte sur un feu de charbon de bois en le remuant continuellement. Quand la cire est brûlée, on jette l'objet dans l'eau froide et on le brosse. Après séchage à la sciure on le brunit s'il y a lieu.

Pour la troisième patine, on réduit les produits en pâte homogène avec l'eau, on recouvre l'objet de cette pâte à l'aide d'un pinceau, puis on le chauffe sur une plaque de tôle jusqu'à son noircissement. On le jette alors dans l'eau et on le brosse, puis le sèche à la sciure et le brunit, s'il y a lieu.

DORURE AU TREMPÉ.

Pour certains petits objets de cuivre ou de laiton de faible valeur, dont le prix de revient ne permet pas d'employer la dorure galvanique, et qui néanmoins doivent être dorés, on a recours à la dorure par immersion dite *au trempé*.

On emploie dans ce but le bain composé d'après la formule suivante qui convient également pour les petits objets en fer ou acier, à condition que ces derniers soient fortement cuivrés rouge au préalable :

Eau distillée	10 litres
Pyrophosphate de soude . .	800 gr.
Acide cyanhydrique au 1/8 .	8 »
Chlorure d'or brun. . . .	20 »

Pour préparer ce bain, on met dans une capsule en porcelaine 9 litres d'eau distillée, on ajoute peu à peu le pyrophosphate de soude et on chauffe jusqu'à ce que ce dernier soit dissous ; puis on filtre et on laisse refroidir. On dissout ensuite le chlorure d'or dans un litre d'eau et on verse cette solution dans la première ; à ce mélange on ajoute l'acide cyanhydrique.

On emploie ce bain à la température de

80 à 90 centigrades dans une capsule en porcelaine ou une cuve en tôle fortement émaillée.

DÉDORAGE.

Pour dédorer les petits objets en argent, acier, fer, cuivre et ses alliages, on les plonge dans une solution à 10 % de cyanure de potassium et on les relie au pôle positif d'une source électrique ; on relie le pôle négatif à une lame de platine plongeant également dans la solution de cyanure. L'or se déplace sur cette lame de platine ; on se sert de cette lame comme anode dans un bain de dorure.

Pour les tout petits objets, on les dédore en les plongeant dans le bain suivant :

    Acide sulfurique à 66°. . . . 1 litre
    Acide azotique . . . . . . 0 — 100
    Acide chlorhydrique . . . 0 — 200

Pour les gros objets, on les plonge dans une solution d'acide sulfurique à 66°, on les relie au pôle positif, tandis qu'une lame de cuivre est reliée au pôle négatif ; l'or se précipite en poudre noire au fond de la cuve.

RÉCUPÉRATION DE L'OR DES VIEUX BAINS.

Si le bain contient du cyanure, on y ajoute de l'acide sulfurique et du sulfate ferreux, et on chauffe jusqu'à ce que l'or se précipite en poudre violacée.

Si le bain contient du cyanure, on évapore la solution à siccité ; au résidu ainsi obtenu on ajoute un peu de borax ou d'azotate de potasium et on calcine au rouge blanc ; on obtient ainsi un morceau d'or métallique.

ARGENTURE

Les objets à argenter doivent être préparés comme suit et décapés.

On suspend au pôle négatif les objets à argenter et au pôle positif une anode en argent ayant une surface à peu près égale à celle des objets à argenter. La distance entre les anodes doit être de 10 centimètres environ. On plonge le tout dans un des deux bains ci-dessous. On fait passer un courant faible de 2 à 3 volts et 50 ampères par mètre carré de surface.

Formule A (ROSELEUR).

Eau distillée . . . .   10 litres
Cyanure de potassium exempt
    de sodium . . . .   500 gr.
Cyanure d'argent. . . . .   250 gr.

Pour préparer le bain, on délaie le cyanure d'argent dans 9 litres d'eau et on ajoute le cyanure de potassium dissous dans un litre d'eau en remuant jusqu'à limpidité.

Formule B

Eau distillée . . . .   10 litres
Nitrate d'argent . . . . .   250 gr.
Cyanure de potassium exempt
    de sodium . . . .   500 gr.

On prépare le bain en dissolvant le nitrate d'argent dans 9 litres d'eau ; on mélange cette dissolution avec celle du cyanure de potassium dans un litre d'eau.

CONDUITE DE L'OPÉRATION.

Préparation des pièces et mise au bain.

1° Les faire bouillir pendant quelques instants dans une solution composée de :

Eau . . . .   10 litres
Potasse caustique . . . .   1 kg.

Laver à l'eau fraîche.

2° Dérocher dans un bain composé de :

Eau . . . . 15 litres
Acide sulfurique . . . . . 1 kg.

Rincer à l'eau fraîche.

3° Passer pendant quelques secondes dans le mélange suivant :

Acide nitrique 36° jaune. . . 10 kg.
Sel de cuisine . . . . . . 200 gr.
Suie calcinée. . . . . . . 200 gr.

Laver vivement à grande eau.

4° Passer rapidement au mélange suivant préparé la veille au moins :

Acide nitrique 36° jaune . . 10 litres
Acide sulfurique 66°. . . . 10 litres
Sel de cuisine. . . . . . 400 gr.

Laver rapidement à l'eau propre.

5° Passer les pièces jusqu'à ce qu'elles soient bien blanches (ce qui se produit en quelques secondes) dans le mélange suivant :

Eau . . . . 10 litres
Nitrate acide de mercure. . . 100 gr.
Acide sulfurique, quantité suffisante pour éclaircir la liqueur, en l'agitant avec une baguette de verre.

Laver à l'eau fraîche.

6° Porter au bain sous l'action d'un faible courant 1 volt environ pendant un quart d'heure.

A ce moment retirer et grattebosser les pièces avec soin, les passer dans une solution chaude de cyanure de potassium à 10 % ; les rincer à l'eau fraîche, repasser à la solution mercurielle (N° 5) celles qui seraient tachées, les laver à grande eau, et les remettre au bain pendant le temps nécessaire.

7° Arrêter le courant quelques minutes avant de retirer les pièces du bain pour permettre à celui-ci de dissoudre les sous-sels d'argent déposés en même temps que l'argent métallique.

8° Retirer du bain, laver à l'eau fraîche, puis à une légère eau seconde composée de :

Eau . . . .   10 litres
Acide sulfurique 66°. . .   0 kg. 500

9° Rincer à nouveau et gratte-bosser et enfin brunir s'il y a lieu.

Désargenture. — Pour enlever la couche d'argent déposée par voie galvanique, il suffit de suspendre les pièces dans l'acide sulfurique pur à 66° contenant 5 pour cent de son poids de nitrate de potasse pulvérisé, maintenu à la température de 75° par un chauffage au bain-marie et à l'abri de toute trace d'humidité.

Observations.

Pour contenir le bain d'argenture galvanique on fait usage soit d'une cuve en ardoise, soit d'une cuve en tôle bien émaillée ou encore d'une cuve en bois doublée de gutta ; l'opération se fait à froid.

Bien veiller sur la manière dont les anodes se comportent pendant la marche du bain ; pour la bonne marche, celles-ci doivent grisonner pendant le passage du courant et reblanchir lorsqu'on interrompt ce dernier.

Si elles noircissent, c'est que le bain est trop riche en métal ; il faut alors ajouter par petites quantités du cyanure de potassium dissous dans l'eau distillée jusqu'à bon fonctionnement.

Si au contraire elles restent blanches, le bain manque de nitrate d'argent, et il faut en ajouter en solution dans l'eau distillée jusqu'à ce que le précipité formé ne se dissolve plus qu'avec difficulté.

Comme dans le bain de dorure, il arrive qu'au bout d'un certain temps de fonctionnement il y a formation d'une quantité assez notable de carbonate de potasse provenant de la décomposition du cyanure par l'électrolyse ; ce carbonate de potasse ayant l'inconvénient d'augmenter inutilement la densité du bain, il convient de l'éliminer de temps en temps à l'aide du cyanure de baryum en procédant ainsi que nous l'avons indiqué au chapitre Dorure.

Pour compenser le cyanure de potassium ainsi régénéré, on rétablit l'équilibre du bain en ajoutant du nitrate d'argent en solution dans l'eau distillée (solution assez concentrée à 50 ou 100 grammes par litre).

Le calcul du poids du métal déposé peut également se faire d'après les indications de l'ampèremètre de précision de 30 ou 50 ampères suivant la capacité du bain, appareil qu'on a soin de placer dans le circuit. Un courant d'un ampère déposant 4 gr. 025 d'argent en une heure, si l'objet est resté pendant 5 h. 1/2 dans le bain sous un courant de 9 ampères, le poids de l'argent qui le recouvre égale

$$4,025 \times 5,5 \times 9 = 199 \text{ gr. } 23$$

Le plus souvent, l'opération a pour but de rechercher le temps pendant lequel une pièce doit rester dans le bain pour se charger d'un poids d'argent déterminé.

Dans ce cas, étant donné que, pour obtenir une bonne argenture il faut opérer avec un courant de 3/10 d'ampère sous 1 volt 1/2 par décimètre carré, la distance entre anode et objet étant de 15 centimètres environ, on calcule à peu près la surface de la pièce en décimètres carrés, puis on multiplie le résultat ainsi trouvé par 0,3. On obtient de la sorte l'intensité en ampères sous laquelle on devra travailler pour opérer dans les meilleures conditions.

En supposant, par exemple, qu'on ait trouvé 10 ampères le problème se réduit à rechercher le temps pendant lequel la pièce devra rester au bain sous 10 ampères à la tension normale, pour être chargée d'un poids déterminé d'argent (que nous supposons à 200 gr.) ; on le résoudra par la règle de trois suivante qui donnera le temps en minutes

$$\frac{60 \times 200}{4,025 \times 10} = 298 \text{ min.}$$

ou 5 heures moins 2 minutes.

On peut également vérifier le poids de l'argent déposé par les bains à l'aide des compteurs vendus dans le commerce, appareils qui se placent dans le circuit comme un ampèremètre, ou à l'aide de la balance métallométrique.

ARGENTURE AU TREMPÉ.

*Préparation et mode d'emploi du bain
d'argenture au trempé à chaud.*

Eau	20 litres
Nitrate d'argent	100 gr.
Phosphate de soude. . . .	250 gr.
Potasse caustique pure. . .	150 gr.
Cyanure de potassium pur. .	200 gr.

Préparation. — 1° Mettre 9 litres d'eau
distillée bouillante dans une chaudière ou
une cuve en fonte parfaitement émaillée,
de contenance convenable. Faire dissoudre
dans l'ordre tous les sels à l'exception du
nitrate d'argent, en remuant avec une baguette de verre.

2° Ajouter ensuite le nitrate d'argent
que l'on a fait dissoudre à part dans un litre
d'eau distillée froide, en agitant jusqu'à
complète dissolution du précipité caille-
boté de cyanure d'argent qui se forme.

3° Compléter ensuite au volume de
20 litres en ajoutant 10 litres d'eau distillée et filtrer s'il y a lieu.

Emploi. — Chauffer ce bain à environ
90° dans son récipient émaillé et y plonger
pendant quelques instants les objets en

cuivre ou en laiton parfaitement décapés et
rincés, en ayant soin de les retirer promptement dès qu'ils sont recouverts d'une
couche brillante d'argenture. Une immersion trop prolongée n'aurait d'autre effet
que d'occasionner une couche d'argenture
mate par suite de sa trop grande épaisseur.

Remontage. — En dehors du cyanure de
potassium décomposé par la chaleur au
cours du travail et qu'il est nécessaire de
remplacer au fur et à mesure de son épuisement, il convient d'entretenir sa teneur
en sel d'argent en y ajoutant de temps en
temps un peu de la solution suivante :

A { Eau distillée chaude . 800 cm. cubes
    Cyanure de potassium. 100 gr.
B { Eau distillée tiède . . 200 cm. cubes
    Nitrate d'argent crist.   50 gr.

mélanger après refroidissement en remuant
continuellement.

ZINGAGE

Pour préserver le fer et l'acier de l'oxydation, on les galvanise, c'est-à-dire qu'on
les recouvre d'une couche de zinc. Cette
opération peut se faire par simple immersion des pièces bien décapées dans le zinc

en fusion, c'est la *galvanisation à chaud* ; son étude sortant du cadre de ce manuel, nous n'en parlons que pour mémoire.

Le procédé par voie électrolytique par contre ayant en ces dernières années donné lieu à de nombreuses applications, nous jugeons utile de donner à sa description plus d'étendue que dans nos précédentes éditions.

La plupart des bains dont les formules permettent l'obtention de résultats supérieurs à ceux que donne la galvanisation à chaud, étant couverts par des brevets, nous ne ferons que citer celui de Bianco qui à notre avis et d'après nos expériences est sans contredit le meilleur, tant au point de vue de la rapidité du travail qu'à celui de la régularité de l'épaisseur et de l'adhérence du dépôt du zinc qu'il donne.

Les Etablissements S. Grauer et Cie qui en sont concessionnaires donnent sur demande à son sujet tous les renseignements complémentaires utiles.

Parmi les formules courantes, celles que nous avons reconnues les meilleures sont les suivantes :

1° Eau. . . . . 1 litre
Sulfate de zinc. . . . . 150 gr.
Sulfate d'ammoniaque . . . 50 gr.

Faire dissoudre en récipient bien émaillé et à l'eau les deux produits qui doivent être exempts de fer, et travailler avec un courant de 5/10 d'ampère par décimètre carré, sous 1 volt 1/2, la distance entre anode et objet étant de 15 c/m. Employer des anodes zinc pur laminé.

2° Eau.	1 litre
Sulfate de zinc	125 gr.
Sulfate d'ammoniaque	60 gr.
Chlorure d'ammonium	25 gr.
Acide borique	6 gr.
Cyanure de mercure et de potassium.	1 à 2 gr.

Faire dissoudre le sulfate de zinc et l'acide borique en récipient émaillé dans 600 c/m cubes d'eau bouillante, et le chlorure d'ammonium, le sulfate d'ammoniaque et le cyanure double de mercure dans 400 c/m cubes d'eau, et mélanger les deux solutions. Travailler avec un courant d'un ampère par décimètre carré sous 2 volts, la distance entre anode et objet étant de 15 c/m. Employer des anodes en zinc pur laminé.

3° Eau	1 litre
Sulfate de zinc.	100 gr.
Chlorure d'ammonium	25 gr.
Citrate d'ammoniaque	40 gr.

Faire dissoudre tous les produits à l'eau tiède en récipient émaillé ; travailler avec un courant d'un ampère par décimètre carré sous 2 volts 1/2, la distance entre anode et cathode étant de 15 c/m. Entretenir l'acidité normale du bain à l'aide de l'acide citrique. Sa conductibilité peut être augmentée par l'addition de sulfate de soude (10 à 20 gr. par litre).

Observations.

Le décapage joue un rôle très important dans la galvanisation électrolytique, car la moindre trace d'oxyde qui pourrait subsister donnerait une tache noire occasionnant un manque dans le dépôt et serait par la suite le départ d'une tache de rouille qui irait sans cesse en s'élargissant.

Il y a donc nécessité à veiller avec le plus grand soin à ce que ce décapage soit parfait. Le bain convenant le mieux pour cette opération est le suivant :

Eau	20 litres
Acide sulfurique 66°. . .	1 kg. 600
Grenaille de zinc. . . .	0 kg. 120
Acide nitrique 40° blanc .	0 kg. 720

Vider doucement l'acide dans l'eau en remuant avec un bâton, ajouter la grenaille de zinc et quand cette dernière est complètement dissoute et la solution refroidie, ajouter lentement l'acide nitrique. Les pièces en fer sortent blanches de ce bain au lieu d'en sortir noires comme dans l'eau simplement acidulée.

Il est bien entendu que toutes les fois que l'on pourra disposer du décapage au jet de sable, c'est ce dernier qu'il faudra employer car son action est supérieure à celle du meilleur des décapages chimiques.

Pour la préparation des bains, n'utiliser que du sulfate de zinc exempt de fer, et comme anodes n'employer que du zinc laminé également exempt de fer.

Au moment d'installer un bain de zingage, bien tenir compte de l'intensité de courant que va nécessiter le travail pour calculer la section que devront avoir les conducteurs ; les indications que nous donnons après chaque formule serviront de bases certaines à cet égard.

S'assurer que la source électrique est assez puissante pour fournir l'intensité nécessaire, laquelle est de beaucoup supérieure à celle utile pour le nickelage à volumes de bains égaux.

Pour les petits objets, clous, rivets, chevilles, etc... on utilisera avec avantage les appareils déjà décrits pour le nickelage au tonneau, en indiquant à leur fabricant qu'on les destine au zingage. Dans ce cas, la première des formules que nous indiquons sera celle à employer, avec un voltage variant de 6 à 10 volts suivant le modèle de l'appareil adopté.

Comme le zingage, l'étamage se pratique soit par simple immersion dans le métal en fusion, soit par voie humide ; le premier de ces deux procédés n'étant pas du domaine du galvanoplaste, nous ne nous occuperons que de ceux par voie humide, lesquels se pratiquent de deux manières : 1° par *voie galvanique*, 2° *au trempé* et *par double affinité*.

ETAMAGE GALVANIQUE

1° Eau	1 litre
Pyrophosphate de soude . .	40 gr.
Protochlorure d'étain fondu .	16 gr.
— — cristallisé	4 gr.

Pour préparer ce bain, on dissout d'abord le pyrophosphate de soude dans 850 gr. d'eau bouillante en récipient bien émaillé, et, après refroidissement, on ajoute les deux chlorures d'étain qu'on a fait dissoudre à froid dans 150 gr. d'eau. Cette dernière solution qui reste laiteuse se clarifie instantanément à son contact avec celle du pyrophosphate.

On travaille dans ce bain avec une densité de courant de 2/10 d'ampère par décimètre carré, la distance entre anodes et objet étant de 15 cm., et sous une tension de 1 1/2 à 2 volts, avec anodes en étain pur laminé.

Les objets se recouvrent rapidement d'une couche d'étain ; au bout d'un quart d'heure, on les retire du bain et on les brosse avec de la ponce poudre et de l'eau. Après les avoir rincés soigneusement, on les remet au bain pendant une heure ou deux suivant l'épaisseur de dépôt qu'on désire obtenir.

Ce bain se remonte à l'aide des deux chlorures d'étain qu'on y ajoute dans les proportions indiquées par la formule, après les avoir dissous dans la plus faible quantité d'eau possible.

Ne jamais chauffer le bain.

2° Eau	10 litres
Chlorostannate d'ammoniaque	570 gr.
Sulfate de magnésie. . . .	50 gr.
Acide borique.	25 gr.

Faire dissoudre le chlorostannate et le sulfate de magnésie en récipient émaillé dans 9 litres d'eau froide, et l'acide borique dans 1 litre d'eau bouillante. Lorsque cette dernière solution est froide, la mélanger à la précédente.

S'emploie comme le bain de la formule citée en premier lieu. Pour recharger le bain, y ajouter de temps en temps un peu de chlorostannate d'ammoniaque en solution dans une faible quantité d'eau froide.

Ce bain, comme le précédent, ne doit jamais être chauffé.

L'étamage par voie humide ne donne jamais un dépôt aussi résistant que la couche d'étain obtenue par immersion des objets dans l'étain fondu, et ne peut prétendre à remplacer ce dernier procédé; mais, en raison de la blancheur et de la régularité du dépôt qu'il permet d'obtenir, son emploi est tout indiqué lorsque la résistance de l'étamage à exécuter ne sera pas une condition indispensable.

Si, au cours du travail, on constate que le dépôt se fait sans adhérence et a une apparence spongieuse, c'est que le courant employé est trop énergique; dans ce cas on diminue un peu le voltage ainsi que la surface des anodes. En général, cette dernière doit être égale à celle des objets.

Les deux bains cités d'autre part conviennent très bien pour étamer directement le cuivre et le laiton; pour le fer et l'acier, il est préférable de recouvrir les objets d'une faible couche d'étain en les trempant simplement dans le premier des deux bains d'étamage au trempé que nous indiquons ci-après :

ÉTAMAGE AU TREMPÉ.

1° Eau	1 litre
Alun d'ammoniaque	15 gr.
Chlorure d'étain fondu . . .	2 gr. 5

Faire dissoudre l'alun d'ammoniaque en récipient émaillé dans 900 centimètres cubes d'eau bouillante, laisser refroidir et ajouter le chlorure d'étain dissous dans 100 cm. cubes d'eau froide.

Les objets de fer ou d'acier plongés dans ce bain s'y recouvrent immédiatement d'une faible couche d'étain métallique. Lorsque, par suite de l'épuisement résultant du travail, l'étamage tarde un peu à paraître, on recharge le bain par addition d'un peu de chlorure d'étain fondu en solution dans une faible quantité d'eau.

2° Eau	1 litre
Soude caustique purifiée . .	200 gr.
Cyanure de potassium . . .	10 gr.
Protochlorure d'étain cristallisé	50 gr.

Faire dissoudre ensemble en récipient bien émaillé la soude caustique et le cyanure de potassium dans 900 cm. cubes d'eau, et ajouter le protochlorure d'étain en solution dans 100 cm. cubes d'eau.

Ce bain, chauffé à 90° dans une chaudière bien émaillée, ne convient que pour les objets de cuivre ou de laiton qu'on y plonge pendant quelques secondes, suspendus par un fil de zinc, ou à la passoire mélangés avec quelques fragments de grenaille de zinc. Une trop longue immersion donne un dépôt mat sans blancheur. Le grand avantage de ce procédé est de conserver aux objets polis un brillant éclatant, ce qui le fait employer pour remplacer l'argenture au trempé quand cette dernière est jugée trop coûteuse.

PLOMBAGE

Le plombage se fait galvaniquement ou par simple immersion ; nous donnons ci-dessous les deux formules que nous jugeons les meilleures :

1° PLOMBAGE GALVANIQUE.

A { Eau distillée bouillante.   1 litre
   Nitrate de plomb . . . 100 gr.

B { Eau distillée tiède. . . 100 cm. cubes.
   Cyanure de potassium . 40 gr.

Préparer ces deux solutions en récipient

bien émaillé et les mélanger après refroidissement, il se produit un précipité blanchâtre qu'on laisse reposer 2 ou 3 heures, au bout desquelles on jette l'eau qui surnage, pour la remplacer par de l'eau propre. Après agitation, vider le tout sur un filtre et laver le précipité en coulant lentement dessus 4 à 5 litres d'eau. Après avoir laissé égouter le précipité, le vider dans une solution de 100 gr. de soude caustique dans 500 cm. cubes d'eau chaude, en remuant jusqu'à complète dissolution ; ajouter enfin 4 litres d'eau distillée, et le bain est prêt.

Travailler avec un courant de 1 1/2 à 2 1/2 volts ; un courant trop fort donne un dépôt spongieux.

Employer des anodes en plomb laminé.

2° PLOMBAGE AU TREMPÉ (REYNOLDS).

Faire dissoudre 16 gr. de soude caustique dans 1750 cm. cubes d'eau distillée, ajouter une solution de 17 gr. de nitrate de plomb dans 250 cm. cubes d'eau distillée ; chauffer à 90°, le liquide doit rester trouble ; sinon, ajouter un peu de sel de plomb. On filtre rapidement et on ajoute 4 gr. de sulfo-urée en solution dans 100 cm. cubes.

Au trempé à 70°, ce bain donne un beau
dépôt.

ANTIMONIAGE

Les dépôts d'antimoine ne sont guère
utilisés que comme patine pour vieillir les
objets en cuivre ou en laiton. En gratte-
bossant les reliefs une fois le dépôt effectué, on ramène le cuivre à nu en dégradé
ne laissant ainsi que les fonds d'un gris
noir bleuâtre (couleur de l'antimoine métallique), ce qui donne un assez joli effet
décoratif.

On peut opérer galvaniquement ou au
trempé.

1° ANTIMONIAGE GALVANIQUE (PFANHAUSER).

Eau distillée tiède. . . . .   1 litre
Sulfate double d'antimoine et
   soude . . . .   50 gr.

On prépare la solution en récipient
émaillé, puis on filtre après agitation. On
travaille avec un courant de 3 1/2 à 4 volts
avec une anode d'antimoine ou de charbon. Les objets se colorent primitivement
en bleu puis la teinte vire au gris noir
bleuté.

On peut polir ce dépôt à la briquette

Grauer n° 4 sur disque en finette ou en peau.

2° Antimoniage au trempé.

Le bain galvanique ci-dessus étant chauffé à 65 ou 75° centigrades donne par simple immersion un beau dépôt d'antimoine sur le cuivre et ses alliages.

On peut obtenir le même résultat dans une solution de trichlorure d'antimoine concret, acidulée à l'acide chlorhydrique jusqu'à disparition du trouble laiteux.

CADMIAGE

Le dépôt galvanique de cadmium a été en ces derniers temps assez fréquemment employé pour que nous y consacrions quelques lignes. Ce métal est doux au toucher et d'un blanc légèrement bleuâtre, tenant le milieu entre l'étain et le zinc. Sa résistance à l'action de l'air est assez grande pour le faire employer comme agent de préservation contre l'oxydation. Il est plus dur que l'étain, mais moins dur que le zinc.

On obtient un bon cadmiage dans le bain suivant :

$$\begin{array}{ll} A \left\{ \begin{array}{l} \text{Eau bouillante . . . . .} \\ \text{Nitrate de cadmium . . .} \end{array} \right. & \begin{array}{l} 3 \text{ litres} \\ 35 \text{ gr.} \end{array} \\ B \left\{ \begin{array}{l} \text{Eau tiède. . . . . . .} \\ \text{Carbonate de soude anhy·re} \end{array} \right. & \begin{array}{l} 3 \text{ litres} \\ 455 \text{ gr.} \end{array} \end{array}$$

Les deux solutions étant préparées en récipient bien émaillé, on verse lentement celle du carbonate dans celle du nitrate en agitant continuellement. Il se forme ainsi un précipité de carbonate de cadmium. On jette l'eau qui surnage après un repos de 5 à 6 heures, et après l'avoir remplacée par de l'eau propre et avoir bien agité on filtre, en remplaçant l'eau qui passe jusqu'à ce que cette dernière ne donne plus de réaction alcaline ni acide.

On laisse alors bien égoutter le précipité et on le verse dans la solution :

$$\begin{array}{ll} \text{Eau chaude à 70}^\circ \text{ . . . . .} & 1 \text{ litre} \\ \text{Cyanure de potassium . . .} & 265 \text{ gr.} \end{array}$$

On filtre à nouveau et on complète avec 4 litres d'eau. On travaille à chaud à 50-60° avec anodes en cadmium, sous un faible courant de 1 à 2 volts pendant 10 minutes à 1/2 heure.

COBALTAGE

Par ses propriétés physiques, le cobalt convient spécialement pour la protection des clichés en galvano et pour l'imitation

du vieil argent ; en effet, il est plus dur
que le fer et le nickel et plus blanc que
ce dernier. Il se dissout assez facilement
dans les acides dilués, ce qui permet de
détruire la pellicule protectrice des clichés sans danger d'altérer ces derniers,
lorsque cette pellicule a été altérée par
l'usage

Comme le nickel, il résiste bien à l'action
des agents atmosphériques.

COBALTAGE GALVANIQUE (THOMSON).

Eau distillée presque bouillante	10 litres
Sulfate de cobalt ammoniacal.	1 kg.
— de magnésie cristallisé.	50 gr.
— d'ammoniaque .	50 gr.
Acide citrique	6 à 7 gr.
Carbonate d'ammoniaque . .	10 à 12 gr.

On dissout ensemble tous les produits
en récipient bien émaillé. On travaille à
35° sous un courant de 1/10 à 4/10 d'ampère par dcm. carré avec anode de nickel
ou de charbon.

COBALTAGE AU TREMPÉ.

On plonge pendant 4 à 5 minutes les clichés en cuivre dans la solution suivante
chauffée à 50° en les tenant en contact avec

un bâton de zinc ou mieux, suspendus par
un fil de ce métal :

    Eau chaude à 70°. . . . . .   1 litre
    Sulfate de cobalt . . . . .   10 gr.
    Chlorure d'ammonium . . .   25 gr.

Faire dissoudre les deux produits ensemble en récipient bien émaillé.

ARSENIAGE

Les dépôts d'arsenic, comme ceux d'antimoine, sont utilisés comme patines ; cependant, en Angleterre, on les emploie comme
revêtement d'un gris uniforme pour les
instruments d'optique et de géodésie.

On peut les obtenir par voie galvanique
ou au trempé.

ARSÉNIAGE GALVANIQUE (PFANHAUSER).

    Eau chaude à 70°. . . . .   1 litre
    Carbonate de soude anhydre .   30 gr.
    Cyanure de potassium . . .   10 gr.
    Acide arsénieux . . . . .   100 gr.

On fait d'abord dissoudre le carbonate
de soude, puis le cyanure, et on ajoute ensuite l'acide arsénieux en maintenant la
température et en agitant jusqu'à complète
dissolution.

On travaille avec un courant de 3 volts
à 3 volts 1/2 et des anodes en charbon ou
en cuivre ; ces dernières donnent au dépôt
une teinte plus foncée.

ARSÉNIAGE AU TREMPÉ.

Ce procédé ne peut s'employer que pour
le cuivre ou ses alliages. Les pièces préalablement bien décapées et rincées sont
suspendues par un crochet en zinc, pendant quelques minutes dans le bain suivant chauffé à 50°.

Eau	1 litre
Acide chlorhydrique à 22°	50 cm. cubes
— sulfurique à 66°. .	12
— arsénieux	25 gr.

Faire dissoudre l'acide arsénieux dans
le mélange des deux acides en chauffant
légèrement et vider lentement dans l'eau
la solution ainsi obtenue.

ACIÉRAGE

Le nom d'aciérage donné au dépôt de fer
par voie galvanique est impropre, celui de
ferrage serait plus exact.

Il n'a d'application que pour le recouvrement des clichés dans le but d'augmenter leur résistance au tirage.

Le meilleur bain que nous puissions conseiller est le suivant :

Eau distillée.	1 litre
Sulfate de fer ammoniacal. .	135 gr.
Chlorure d'ammonium . . .	100 gr.
Citrate de soude	3 gr.

La dissolution des produits se fait dans l'ordre indiqué, à l'eau chaude à 45°.

Les clichés bien dégraissés et attachés par du fil de laiton fin sont suspendus à la tringle reliée au pôle négatif d'une source électrique, les anodes reliées au pôle positif étant constituées par des lames de fer doux.

On fait passer un courant de 1/10 d'ampère par décim. carré sous 1/2 volt, la distance entre l'anode et le cliché étant de 15 c/m.

Le bain doit être constamment agité et présenter une réaction légèrement acide.

Au sortir du bain, les clichés sont bien rincés à l'eau presque bouillante, séchés à la sciure et vernis au bitume de Judée.

Pour empêcher le développement d'un excès acide qui nuirait au bon fonctionnement du bain, Klein conseille d'y tenir en suspension un sachet de toile contenant du carbonate de magnésie.

GALVANOPLASTIE DE CUIVRE

Par cette désignation, on entend particulièrement l'exécution de dépôts de cuivre de très forte épaisseur sur surfaces métalliques ou sur corps non conducteurs préalablement métallisés. Par extension on a fait rentrer dans cette catégorie la reproduction en cuivre rouge des médailles, empreintes ou statuettes par voie galvanique avec intervention d'un moulage préalable de ces objets à l'aide d'une substance plastique.

Ces opérations peuvent s'exécuter de deux manières différentes : 1° avec appareil simple, dans lequel le bain lui-même en même temps qu'il sert d'électrolyte, joue le rôle de liquide excitateur générateur du courant nécessaire à sa décomposition ; 2° avec appareil composé, le bain étant contenu dans une cuve indépendante de la source électrique qui s'y trouve reliée absolument comme pour toutes les opérations galvaniques que nous avons précédemment étudiées.

1° Appareils simples.

Ces appareils se composent d'une cuve de dimensions en rapport avec la surface des pièces à traiter, dans laquelle on place un ou plusieurs vases poreux de même hauteur que la cuve et remplis chacun jusqu'à quelques centimètres du bord à l'aide d'eau acidulée à 10 % d'acide sulfurique dans laquelle plonge un cylindre de zinc amalgamé. On remplit ensuite la cuve extérieure avec une solution saturée de sulfate de cuivre qui se prépare en faisant dissoudre 225 gr. de sulfate de cuivre pur dans 1 litre d'eau bouillante en récipient bien émaillé, et à laquelle on ajoute 25 gr. d'acide sulfurique.

On entretient la liqueur à saturation en y suspendant un sac en forte toile d'emballage, ou une passoire en grès contenant du sulfate de cuivre pur.

Les pièces ou moules à cuivrer sont reliés par un fil conducteur de 2 ou 3 millimètres de diamètre à la pince des zincs plongeant dans les vases poreux et doivent être complètement immergés dans la solution de sulfate de cuivre, la face à cuivrer étant tournée vers les vases poreux et distante de ce dernier de quelques centimètres seulement.

Il est bien entendu que, si l'importance de la cuve extérieure nécessite plusieurs vases poreux, tous les zincs de ces derniers doivent être reliés entre eux par un même fil conducteur.

Les figures 59 et 60 donneront du reste une idée exacte des dispositifs à adopter dans les deux cas.

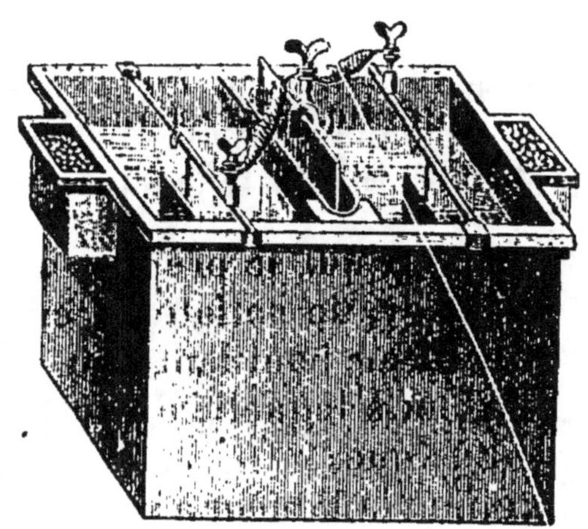

Fig. 59

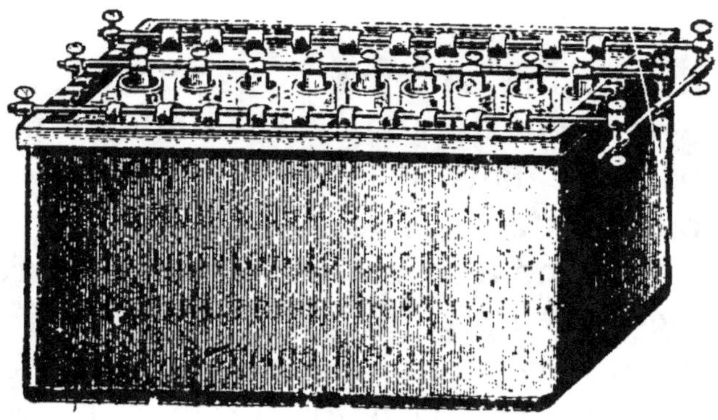

Fig. 60

2° *Appareils composés.*

La cuve de ces appareils doit être en grès, en ardoise ou en bois doublé de gutta-percha ; nous déconseillons les cuves doublées au bitume, de même que celles doublées au plomb, ces deux sortes de récipients pouvant occasionner des déboires.

Composition, agencement et conduite du bain. — La composition du bain donnant les meilleurs résultats est la suivante :

Eau.	1 litre
Sulfate de cuivre pur. . . .	225 gr.
Acide sulfurique pur 66 . . .	20 gr.

On fait dissoudre le sulfate de cuivre dans l'eau bouillante en récipient bien émaillé et on ajoute l'acide petit à petit en remuant continuellement à l'aide d'un agitateur en verre.

Certains auteurs conseillent d'ajouter également 5 à 10 gr. de sulfate de potasse par litre dans le but de donner plus d'homogénéité au dépôt.

Les anodes doivent être en cuivre pur électrolytique, car le cuivre laminé du commerce contient toujours des impuretés qui nuisent à la bonne marche du bain.

L'armature de la cuve se fait à l'aide de tringles, de pinces d'assemblage et de supports isolants en porcelaine, le tout disposé comme pour le nickelage ou tous autres bains galvaniques.

La source électrique peut être constituée par une batterie de piles, une batterie d'accumulateurs ou une dynamo. En raison de la nécessité de travailler avec un courant absolument régulier, les accumulateurs ou la dynamo ont notre préférence.

Cette nécessité oblige également à intercaler dans le circuit un tableau de réglage comportant un bon rhéostat, un voltmètre et un ampèremètre de manière à pouvoir à tout instant régler le courant d'une manière parfaite.

Pour obtenir un dépôt bien régulier et homogène, travailler avec une intensité de 2 à 3 ampères par décimètre carré, sous 1/2 à 1 1/2 volt, la distance entre les anodes et les pièces étant de   c/m.

Le bain doit être maintenu à une température de 15 à 20° par le chauffage de l'atelier dans lequel il se trouve et lorsque la cuve est de grande capacité il est bon d'adopter un mode d'agitation du liquide du bain, soit par l'air comprimé, soit à l'aide d'un agitateur mécanique.

Lorsque, pour une cause quelconque, le travail vient à être suspendu, il faut aussitôt retirer les pièces du bain et les mettre à tremper dans des baquets remplis d'eau bien propre, après les avoir bien rincés au préalable. On peut ainsi les remettre au bain dès la reprise du travail sans qu'il soit besoin de leur faire subir d'autre opération.

On doit veiller particulièrement, comme dans les appareils simples, à ce que le bain ne s'épuise pas en sulfate de cuivre, on entretiendra donc la saturation par des passoires en grès contenant de ce produit en cristaux et trempant dans le liquide.

De même on devra surveiller le degré d'acidité du bain et lorsqu'elle s'accroîtra, par suite du travail, on la ramènera à sa normale à l'aide de l'ammoniaque.

Préparation des pièces.

1° **Pièces métalliques.** — La solution acide de sulfate du cuivre qui constitue le bain étant décomposée par la plupart des métaux, il est utile, avant de mettre ces pièces dans le bain dit de galvanoplastie de cuivre, de les cuivrer au préalable dans l'un des bains de cuivrage alcalins que nous avons indiqués au chapitre cuivrage, dans lequel on ne les laissera que pendant 10 à 15 minutes.

On les sortira alors et, après s'être assuré qu'elles sont cuivrées bien uniformément, on les rincera à grande eau et on les mettra au bain de cuivrage acide jusqu'à obtention de l'épaisseur voulue.

2° Pièces non conductrices. — Ces pièces sont généralement poreuses (bois, plâtre, albâtre, etc...) il faut donc, avant toute opération, les rendre imperméables afin d'éviter que la solution de sulfate de cuivre pénétrant dans les pores occasionne par la suite la détérioration de la couche du cuivre déposé. On y arrive en les immergeant dans la cérésine en fusion jusqu'à cessation du dégagement des bulles d'air qui se produit, et en les laissant ensuite refroidir après les avoir égouttées.

Métallisation. — On les métallise ensuite en les frottant avec une brosse en poil de chèvre, imprégnée de plombagine pure pour galvanoplastie ou de poudre impalpable de cuivre rouge qu'on trouve dans les maisons spécialistes.

Il ne reste plus qu'à les envelopper d'un réseau de fil de laiton fin de manière à multiplier les points de contact de ce fil avec leur surface et après les avoir suspendues à un crochet en fil de cuivre de 3 ou 4 millimètres, on les porte au bain.

Conter, qui s'est spécialisé dans le cuivrage des pièces les plus délicates : plantes, plumes, etc... recommande le procédé suivant : il immerge les pièces pendant quelque temps dans une solution alcoolique de nitrate d'argent (10 gr. de nitrate pour 100 parties d'alcool) et les soumet ensuite à l'action des vapeurs d'acide sulfhydrique dans un récipient en verre parfaitement clos ; au bout de quelques instants, la surface noircit et prend un éclat métallique. Après séchage, on les met au bain comme il a été dit ci-dessus.

Sur verre ou sur porcelaine, Hansen a obtenu d'excellents dépôts métalliques en recouvrant les surfaces au pinceau à l'aide de la composition suivante :

A {	Ether	20 gr.
	Chlorure d'or	2 gr.
B {	Soufre fondu	5 gr.
	Huile de paraffine. . . .	20 gr.

On fait dissoudre le chlorure d'or dans l'éther, puis d'autre part, après avoir fait fondre le soufre à douce chaleur pour éviter de l'enflammer, on verse dedans l'huile de paraffine en remuant avec un agitateur en verre pour obtenir un liquide visqueux qui, s'il est trop épais, peut être rendu plus fluide en augmentant la dose d'huile.

Lorsque les deux solutions sont froides, on les mélange intimement.

Quand les surfaces sont enduites avec

cette composition, on les chauffe au feu de moufle, de manière à réduire le sel d'or, ce qui produit ainsi une légère pellicule d'or métallique conductrice qui sert d'amorce au dépôt de cuivre rouge.

REPRODUCTIONS PAR MOULAGE.

Ces moulages peuvent se faire au plâtre à modeler, cas dans lequel on traite les moules comme nous l'avons indiqué précédemment.

Lorsqu'on veut des empreintes d'une grande finesse on peut faire le moulage soit à la cire, soit à l'alliage fusible.

Moulage à la cire. — On fond ensemble 75 parties en poids de cire vierge et 150 parties de paraffine, et on y incorpore 250 gr. de plombagine pure pour galvanoplastie, en remuant bien avec une spatule pour obtenir une composition homogène. Par refroidissement on obtient une cire plastique, qui, à la presse, donne d'excellentes empreintes dont on métallise la surface à la brosse en poil de chèvre avec la plombagine.

Moulage à l'alliage fusible. — Fondre ensemble :

Plomb . . . . 500 gr.
Etain . . . . 300 gr.
Bismuth . . . . 800 gr.

Lorsque le tout est fondu, écumer soigneusement toutes les scories ou oxydes métalliques surnageant et couler en lingots plats.

Cet alliage possède la propriété de fondre à 94°, lorsqu'il est à cette température on le coule dans une forme plate en fer dont le cadre doit avoir une hauteur en rapport avec le profil de l'objet à mouler ; on écume alors à nouveau les scories et, lorsque la solidification commence à s'opérer, on applique sur la surface l'objet à mouler en appuyant plus ou moins fortement selon que sa nature le permet.

Les moulages ainsi obtenus étant bien conducteurs de l'électricité, il est inutile d'avoir recours à leur métallisation avant leur mise au bain.

Lorsqu'on dispose de moules en bronze en creux et qu'il n'y a pas à craindre l'inversement de l'objet à reproduire, on peut obtenir directement l'empreinte par voie galvanoplastique ; mais alors, pour éviter l'adhérence de la pellicule qui se dépose, il faut avoir soin d'enduire la surface du moule métallique à l'aide de la mixture suivante qui peut être appliquée au pinceau :

Alcool	100 gr.
Nitrate d'argent	10 gr.
Iode	0 gr. 5

Après séchage, insoler à la lumière solaire jusqu'à noircissement complet.

La surface reste ainsi très conductrice, mais la pellicule de cuivre s'en détache très facilement.

PATINES CHIMIQUES

Nous allons indiquer dans ce chapitre les différentes solutions employées, en dehors des bains galvaniques de *nickel noir*, *nickel oxyde*, *cadmiage*, *cobaltage*, *antimoniage* et *arséniage* précédemment cités, pour modifier l'apparence des surfaces métalliques en vue de leur décoration artistique.

Pour faciliter les recherches à nos lecteurs, nous les avons classées par teinte en indiquant dans chacune d'elles une formule pour chaque métal.

Il est bien entendu que les pièces avant d'être soumises à l'action des différentes solutions devront être au préalable parfaitement décapées et rincées, et que la plus grande partie des colorations obtenues, n'étant constituées, que par des dépôts très superficiels, devront être protégées par un vernis conservateur complètement incolore et surtout inapparent, ce qui leur donnera la solidité suffisante pour résister au frottement.

Noir

Sur cuivre rouge ou rosette. — Plonger les objets dans la solution suivante qui se prépare et s'emploie à froid :

Eau	1 litre
Monosulfure de sodium . . .	10 gr.
Sulfhydrate rouge d'ammoniaque	10 gr.

Lorsque la teinte est uniformément noire, sortir les pièces, et après un rinçage abondant, les sécher à la sciure.

Sur laiton. — Immerger les objets en les remuant continuellement dans la solution froide suivante :

Eau	250 cm. cubes
Carbonate de cuivre vert .	100 gr.
Ammoniaque liquide à 22° .	750 cm. cubes

Faire dissoudre le carbonate de cuivre dans l'ammoniaque en flacon de verre bien bouché, et, lorsque tout est dissous, ajouter l'eau ; conserver cette patine en vase clos pour éviter l'évaporation du gaz ammoniaque.

Sur fer, acier et nickel. — Suspendre les objets reliés au pôle positif d'une source électrique sous un faible courant (1 1/2 à 2 1/2 volts), une lame de plomb reliée au pôle positif plongeant dans le bain suivant froid :

A { Lessive de soude à 30° Baumé. 635 gr.
{ Carbonate de manganèse . . 100 gr.
B { Eau distillée. . . . . . . 500 gr.
{ Nitrate de plomb. . . . . 80 gr.

Préparer les deux solutions à chaud et les mélanger.

Ce procédé donne également de bons résultats sur l'étain, le cuivre et le laiton.

Sur zinc. — Plonger les pièces à froid dans la solution ci-dessous :

A { Eau. . . . . 500 cm. cubes
{ Sulfate de cuivre pur. 30 gr.
B { Eau . . . . 500 cm. cubes
{ Potasse caustique . . 30 gr.

Mélanger au moment d'employer.

Aussitôt la teinte noire uniforme obtenue, sortir les pièces et les sécher à la sciure ; les enduire ensuite avec une encaustique à la cire et les ressuyer avec un linge de laine bien doux.

Sur étain. — Plonger les pièces à froid dans la solution suivante :

A	Eau	500 cm. cubes
	Acide acétique . .	40 gr.
	Acétate neutre de cuivre	25 gr.
B	Eau	500 cm. cubes
	Chlorure d'ammonium	12 gr.

Préparer la première solution à l'eau tiède et la deuxième à froid ; mélanger au moment de l'emploi et opérer comme il a été dit ci-dessus pour le zinc.

Sur argent. — Plonger les pièces dans la solution suivante chauffée à 80° environ :

Eau.	1 litre
Foie de soufre.	5 gr.
Carbonate d'ammoniaque . .	10 gr.

En les sortant, les rincer et les sécher à la sciure.

Gris.

Sur cuivre rouge ou rosette. — On immerge les objets suspendus par un fil dans la solution suivante presque bouillante :

Eau.	1 litre
Monosulfure de sodium. . .	85 gr.
Sulfure d'antimoine pulvérisé.	85 gr.

Aussitôt la teinte obtenue, on sort les pièces, on les plonge immédiatement dans l'eau et on les sèche à la sciure.

Sur laiton. — Suspendre les pièces par un fil dans la liqueur suivante froide :

Eau	500 cm. cubes
Acide chlorhydrique. . . .	500 cm. cubes
Limaille de fer	150 gr.
Sulfure d'antimoine pulvérisé	150 gr.

Attaquer la limaille et le sulfure par l'acide et ajouter l'eau lorsque leur dissolution est effectuée.

Sur fer et acier. — Frotter fortement les pièces avec un tampon de coton imbibé de la solution suivante :

Alcool à brûler.	1 litre
Chlorure d'antimoine concret.	40 gr.
Acide arsénieux	10 gr.
Emeri lavé	80 gr.

Chauffer le mélange au bain-marie pendant 1/2 heure en vase couvert de manière à éviter l'évaporation de l'alcool.

Sur zinc. — La teinte grise sur zinc ne peut s'obtenir que par l'arseniage galvanique avec fort courant (voir page 293).

Sur étain. — Plonger les pièces dans la solution suivante froide :

Eau	1 litre
Nitrate de bismuth	3 gr.
Acide nitrique 40° blanc . .	10 cm. cubes
Crème de tartre	10 gr.
Acide chlorhydrique 22' . .	40 gr.

Faire dissoudre le nitrate de bismuth dans l'acide nitrique et la crème de tartre dans le mélange d'eau et d'acide chlorhydrique et mélanger les deux solutions ainsi obtenues.

Sur argent. — Plonger les pièces dans la solution que nous avons indiquée pour la coloration de ce métal en noir, mais arrêter quand le ton gris recherché est obtenu.

BLEU AZUR.

Sur cuivre rouge et rosette. — Plonger les pièces dans la solution suivante froide.

Acide chlorhydrique . . .	1 litre
Acide arsénieux	40 gr.
Tournure de fer	40 gr.
Acide nitrique	125 cm. cubes

Sur nickel. — On immerge les pièces dans la solution suivante presque bouillante :

Eau . . . . 1 litre
Acétate de plomb. . . . . 20 gr.
Hyposulfite de soude. . . . 60 gr.

Faire dissoudre les deux produits à l'eau chaude.

Sur acier. — On chauffe les pièces à l'air dans une casserole en fer non étamé, d'une épaisseur de 3 à 4 mm. et munie d'une longue queue. Ce chauffage se fait au charbon de bois ; pour que la teinte soit uniforme, il faut secouer continuellement. Lorsque le bleu vif est atteint, on jette les pièces sur une table en fer où on les laisse refroidir progressivement. Il ne reste plus alors qu'à les frotter dans un chiffon graissé légèrement à la vaseline.

VIOLET.

Sur laiton. — Chauffer les pièces à environ 80° dans l'eau maintenue à cette température, les sécher vivement à la sciure et pendant qu'elles sont encore bien chaudes, les tremper dans la solution suivante chauffée à 50°

Eau . . . . 1 litre
Chlorure d'antimoine concret. 25 gr.

acidulée à l'acide chlorhydrique jusqu'à disparition du trouble laiteux.

JAUNE ORANGE ET ROUGE CARMIN.

Sur laiton. — Plonger les pièces dans la solution suivante :

Eau froide	1 litre
Soude caustique	100 gr.
Carbonate de cuivre vert . .	100 gr.

Faire d'abord dissoudre la soude dans l'eau et ajouter petit à petit le carbonate de cuivre en remuant continuellement.

Le jaune d'or apparaît en premier lieu et vire progressivement au rouge carmin.

On peut encore obtenir sur *laiton* le jaune, le rouge et le bleu d'azur dans cet ordre en plongeant les pièces dans le liquide suivant :

	Eau chaude à 80°	500 cm. cubes
A	Sulfate de cuivre. . . .	75 gr.
	Sulfate de fer ammoniacal.	50 gr.
	Eau bouillante. . . .	500 cm. cubes
B	Hyposulfite de soude. . .	100 gr.
	Crème de tartre	25 gr.

Mélanger ces deux solutions au moment de l'emploi.

ROUGE SANG.

Sur cuivre rouge. — Cette nuance s'obtient en plongeant les pièces dans la solution suivante chauffée à 86° :

A	Eau	1 litre	
	Hyposulfite de soude . . .	130 gr.	
B	Eau	1 litre	
	Sulfate de cuivre pur. . .	25 gr.	
	Acétate de cuivre	10 gr.	
	Arséniate de soude. . . .	0 gr. 5	

Mélanger les deux solutions au moment de l'emploi.

BRONZE TEINTE MÉDAILLE.

On fait un mélange intime d'oxyde de fer rouge et de plombagine que l'on broie ensemble dans un mortier avec un peu d'eau, et on l'étend avec un pinceau sur l'objet chauffé au préalable. On laisse refroidir et on brosse avec une brosse en soie demi-dure préalablement bien frottée sur un morceau de cire d'abeilles. On peut varier la teinte en modifiant les proportions de plombagine et d'oxyde de fer.

Le procédé ci-dessus n'est applicable qu'au bronze et au cuivre rouge.

Au chapitre vernissage nous traiterons les autres bronzages.

MOIRE MÉTALLIQUE

Par cette désignation, on entend l'aspect marbré que prennent le fer blanc, l'étain et le laiton sous certaines influences que nous allons indiquer :

Ce procédé de décoration combiné avec l'emploi des vernis transparents de couleur pe met des fantaisies d'aspect très varié.

1° Sur le fer blanc. — On chauffe le fer blanc du commerce jusqu'à une température d'environ 230° et on le refroidit plus ou moins promptement dans un courant d'air. Plus le refroidissement est rapide plus les marbrures sont petites. Si on fait tomber par places des gouttes d'eau froide sur le métal chauffé, les marbrures se groupent en auréoles.

On accentue l'effet obtenu en plongeant ensuite les pièces dans la solution suivante, pendant quelques instants :

Eau. . . . . 1 litre
Acide nitrique . . . . . . 330 cm. cubes
Acide chlorhydrique . . . 500 cm. cubes

Puis on lave à l'eau courante et on immerge rapidement dans une faible solution de potasse caustique ; on lave à nouveau et on sèche à la sciure. On vernit enfin à l'aide d'un conservateur.

2° Sur laiton. — On obtient un moiré métallique sur laiton en faisant bouillir les pièces dans un bain concentré de sulfate de cuivre :

Eau	1 litre
Sulfate de cuivre	500 gr.
Tournure de fer	10 gr.

L'aspect du moiré obtenu varie suivant la durée de l'immersion. En sortant du bain, les pièces sont brunes ou rougeâtres et sans éclat, et après lavage, il ne reste qu'une poudre brune à leur surface ; en les recouvrant d'un bon verni à la résine, elles reprennent leur éclat métallique.

DÉCORATION DE L'ACIER.

On peut effectuer sur l'acier (lames de coutellerie ou canons d'armes) le report de dessins ou marques de fabrique faits à l'envers sur papier japonais, à l'encre autographique utilisée en lithographie. La surface à décorer étant bien dégraissée, on étend dessus au pinceau une couche d'eau rendue gommeuse à la gomme arabique ; on applique alors le dessin face en dessous et on laisse sécher. On enlève alors le papier après l'avoir humecté d'eau à l'aide d'une éponge, comme on le fait en décalcomanie, puis on continue à laver doucement à l'eau ce qui a pour effet de détruire la couche gommeuse en ne laissant subsister que le dessin.

On plonge alors la pièce dans l'eau acidulée à 10 % d'acide nitrique, les parties non protégées par l'encre prennent un ton gris foncé. Après rinçage abondant, et séchage à la sciure il ne reste plus qu'à enlever l'encre à l'aide de l'essence de térébenthine, de ressuyer à la sciure et le dessin apparaît en blanc brillant sur fond gris foncé.

Pour empêcher la rouille ultérieure on peut terminer par un essuyage avec un chiffon doux légèrement graissé à la vaseline neutre.

OXYDAGE DES BOITES DE MONTRES

Les formules de liqueurs employées pour ce travail sont si nombreuses que l'on peut dire que chaque oxydeur a la sienne ; nous donnons ci-dessous deux des meilleures avec leur mode d'emploi :

$$A \begin{cases} \text{Eau distillée . . . . . } & 500 \text{ cm. cubes} \\ \text{Alcool à } 90°. \text{ . . . . . } & 80 \text{ gr.} \\ \text{Chlorure de cuivre . . . } & 10 \text{ gr.} \end{cases}$$

$$B \begin{cases} \text{Acide chlorhydrique pur . } & 30 \text{ gr.} \\ \text{Chlorure de bismuth. . . } & 10 \text{ gr.} \end{cases}$$

$$C \begin{cases} \text{Acide chlorhydrique. . . } & 30 \text{ gr.} \\ \text{Bichlorure de mercure . . } & 20 \text{ gr.} \end{cases}$$

mélanger les trois solutions dans l'ordre, laisser reposer 24 heures en flacon bien bouché et filtrer.

$$2° \; A \begin{cases} \text{Eau distillée. . . . . . } & 1 \text{ litre} \\ \text{Acide nitrique. . . . . } & 100 \text{ cm. cubes} \\ \text{Sulfate de cuivre . . . } & 80 \text{ gr.} \end{cases}$$

$$B \begin{cases} \text{Eau distillée . . . . . } & 3 \text{ litres} \\ \text{Acide nitrique. . . . . } & 60 \text{ cm. cubes} \\ \text{Perchlorure de fer sec . . } & 320 \text{ gr.} \end{cases}$$

$$C \begin{cases} \text{Alcool à } 90°. \text{ . . . . . } & 160 \text{ gr.} \\ \text{Bichlorure de mercure . . } & 16 \text{ gr.} \end{cases}$$

mélanger les trois solutions dans l'ordre, laisser reposer 24 heures en flacon bien bouché et filtrer.

L'emploi de ces liqueurs est le même :

En enduire les pièces à l'aide d'une éponge à peine imbibée, laisser sécher 20 minutes à l'étuve à 75° ; exposer ensuite pendant 1/4 d'heure à la vapeur d'eau .

plonger 10 minutes dans l'eau bouillante ; sécher rapidement à l'étuve, grattebosser avec une brosse en fil acier fin et graisser à l'huile de vaseline.

ÉMAILLAGE

L'émaillage ou vernissage des pièces de vélocipèdes étant intimement lié avec le nickelage des mêmes pièces, nous avons cru bien faire, sur le désir que nous ont manifesté quelques fabricants de cycles, d'en dire ici quelques mots.

L'émaillage consiste à revêtir des pièces métalliques d'un vernis ou émail solide, ne s'écaillant pas et ayant une surface aussi lisse et aussi brillante que possible. On emploie pour cela des vernis noirs ou des vernis de couleur. Les premiers sont les plus employés et les plus solides.

L'émaillage peut se faire à froid ou à chaud. A froid, l'opération est facile : on donne simplement à l'objet une couche de vernis-émail, comme on lui donnerait une couche de peinture. Mais ce vernis spécial déposé à froid n'a pas beaucoup de solidité ; l'aspect qu'il offre n'est pas séduisant, car, presque toujours, il garde les traces dés coups de pinceau ; aussi ne l'emploie-t-on

guère que pour les petites réparations ur-
gentes.

A chaud, l'opération est plus compli-
quée, il est vrai, mais les résultats sont
tout autres ; on obtient un vernis-émail
solide et d'un brillant irréprochable.

Outillage. — Pour l'émaillage à froid, un
flacon de vernis et des pinceaux suffisent.
Ces pinceaux doivent être choisis avec le
plus grand soin et être de formes et de dimensions différentes ; on emploie surtout
des putois en poils très doux.

Pour l'émaillage à chaud, on le fait soit
au pinceau, soit au trempé. Un émailleur
qui veut faire son travail consciencieuse-
ment doit avoir pour cela l'outillage suivant : papier de verre et papier d'émeri
pour polir à la main certaines pièces ; ponce
en poudre et ponce en pierre pour enlever
les petits grains ou les aspérités du vernis ;
éponges pour lavage ; pinceaux nombreux
et godets ; essence de térébenthine et couleurs, pour les vernis de couleurs ; pétrole
pour éclaircir les vernis noirs.

Dans l'atelier de l'émailleur, il y aura des
tables pouvant servir d'établis ; pour l'é-
maillage des roues de bicyclettes, on établira deux petites pièces de bois parallèles,
réunies à la base, et sur le haut desquelles

on pourra placer le moyeu de la roue pour qu'elle tourne facilement et vienne présenter successivement tous ses rayons au pinceau de l'émailleur.

Pour le vernis, on aura une grande bassine à bords évasés. Une caisse longue, large et très peu haute (quelques centimètres seulement), recouverte de zinc à l'intérieur, servira d'égouttoir. Au-dessus de cette caisse, on établira un ou deux triangles en bois, auxquels on suspendra, au moyen de crochets, les objets à émailler.

Fours à émailler. — L'émaillage à chaud exige une forte température. Il a donc fallu construire des fours spéciaux permettant d'obtenir cette haute température. Les fours en briques ne répondaient nullement à ce but, car ils laissaient échapper des poussières qui s'incrustaient sur l'émail des pièces. On a dû construire des fours en tôle.

Ces fours peuvent se chauffer soit au gaz, soit au charbon, mais la disposition est différente suivant le mode de chauffage. Les plus employés sont les fours à gaz (fig. 61).

Le modèle représenté ci-après est un des meilleurs que nous connaissions. L'ins-

tallation est des plus simples. On place le
four sur un sol en brique, et il n'y a qu'à
relier une conduite de gaz au tube extérieur qui se trouve à la base du four. Ce
tube fournit le gaz nécessaire à plusieurs
rampes percées de nombreux petits trous.

Fig. 61

Ce sont les rampes, placées à quelques
centimètres au-dessus du sol, que l'on al-
lume ; elles donnent de petites flammes
peu éclairantes, mais ayant un pouvoir ca-
lorifique considérable. A la partie supérieure du four se trouve une petite cheminée pour l'évacuation des produits de la
combustion. Ce four se ferme hermétiquement. Un thermomètre encastré dans une

des parois extérieures permet de se rendre compte à chaque instant de la chaleur qui règne à l'intérieur.

Exécution de l'émaillage. — On polit d'abord les pièces à émailler : plus le poli sera soigné, plus l'émail sera beau. On nickelle et on ravive les parties à nickeler, on nettoie et on dégraisse soigneusement le tout. Pour protéger les parties à nickeler, on les enveloppe de bandes de papier bien serrées et collées avec un peu de colle de pâte. On bouche avec de forts tampons en papier les tubes par où le vernis pourrait s'introduire. On a soin que les cadres et les fourches ne contiennent pas d'eau : pour s'en assurer, on les chauffe. En nickelant les pattes des fourches, on bouche les petits trous à la base des tubes avec un bout d'allumette et un peu de cire pour empêcher l'introduction du liquide du bain dans les tubes de la fourche.

On doit toujours employer du vernis de première qualité : s'il était trop épais, on l'éclaircirait avec un peu de benzine, et lorsqu'après des additions répétées de benzine et un séjour prolongé en récipient découvert il y a coagulation du vernis, il faut le chauffer au bain-mari et y ajouter de l'essence de térébenthine en évitant de porter la température au-delà de 100°.

Avant de tremper les pièces dans le vernis, on ne les chauffera pas : cela pourrait amener une décomposition du vernis. On applique la première couche soit au pinceau, soit au trempé, et on laisse ensuite égoutter.

Quand les pièces sont bien égouttées, on les met au four pendant une heure à la température de 190°. On les sort ensuite et on laisse refroidir. On examine les pièces pour voir si elles ne présentent pas de rugosités ou de coulures. Dans ce cas, on les enlève au moyen de la pierre ponce si elles sont fortes, et au moyen de la ponce en poudre si elles sont faibles. On lave à l'éponge et on essuie avec soin. On applique alors la seconde couche, on fait égoutter et on met au four à la température de 170° pendant une heure environ. On sort alors les pièces du four et on les laisse refroidir. Quand elles sont refroidies, on enlève les tampons et les bandes de papier, et on ravive à la peau de chamois les parties nickelées que la chaleur a fait ternir un peu.

Il ne faut pas mettre dans le four des objets dont certaines parties seraient soudées, car la chaleur du four ferait fondre les soudures.

Les vernis émaux de couleur ne doivent pas être cuits au delà de 100° ceux de nuance foncée, et de 80° ceux de nuance claire.

VERNISSAGE

Parmi les diverses applications des vernis à l'alcool, une des plus intéressantes, au point de vue artistique et industriel, est, sans contredit, celle qui permet d'obtenir sur le cuivre et ses divers alliages la couleur éclatante de l'or. Sans prétendre que les objets ainsi vernis ont une durée aussi grande que celle des pièces dorées au mercure ou par les procédés galvanoplastiques, on peut affirmer que le vernissage rivalise avec la dorure au trempé et reste supérieur aux dorures si légères obtenues de nos jours.

Le vernis or, en effet, tout en donnant au métal la couleur désirée, lui conserve son éclat et le protège contre toute oxydation ultérieure. L'or en dépôt mince, au contraire, loin de fournir une couche continue, laisse des manques, véritables espaces où le cuivre à nu ne tarde pas à s'oxyder : la pièce se pique vert-de-gris.

L'économie notable résultant de l'emploi du vernissage, jointe aux avantages précédents, a fait prendre un rapide essor aux diverses industries traitant le fi; i à donner aux métaux.

Malheureusement la pose des vernis à l'alcool, et particulièrement celle des vernis imitation de dorure, est assez délicate; elle exige de grands soins et une attention constante.

Bien des essais infructueux, regardés comme dus à la mauvaise qualité du vernis employé, résultent simplement de l'imparfaite connaissance des règles présidant à la préparation première des pièces à vernir ou à l'emploi ultérieur des vernis or.

IMITATION DE DORURE

1° Genre or moulu. — Les cuivres à vernir en or moulu subissent la série des opérations du décapage :

1° *Recuisson ou dégraissage.* — Cette opération est exécutée au rouge sombre ou à la solution de potasse caustique bouillante.

2° *Dérochage.* — Voici la formule du bain de déroche :

Acide sulfurique ou vitriol à 66° B	2 litres
Eau ordinaire.	20 litres

Lavage à grande eau.

3° *Passage à l'eau-forte.* — Ce bain est composé comme suit :

Acide nitrique 36° B.	1 litre
Sel marin	} parties égales.	2 poignées
Suie calcinée	

On passe au noirci, puis au bain précédent affaibli.

Lavage à grande eau.

4° *Passage au bain de blanchiment.* — Ce bain est constitué par le mélange :

Acide nitrique 36° B. . . .	2 litres
Acide chlorhydrique 22° B. .	0 l. 100

On éteint ce bain avec de la grenaille de cuivre, puis on ajoute :

Acide sulfurique à 66° B . .	3 litres

On laisse refroidir 48 heures, on décante et on ajoute au bain :

Acide nitrique	1 lit. 500
Suie calcinée	2 poignées

On plonge les objets deux secondes, et on lave immédiatement à grande eau.

5° *Grattebossage.* — *Brunissage ou polissage,* s'il y a lieu.

6° *Passage à l'eau acidulée.* — Eau ordinaire rendue salée à la langue, mais non acide, par quelques gouttes d'acide sulfurique.

7° *Rinçage à l'eau bouillante.*

8° *Séchage et étuvage.*

Les pièces étant parfaitement sèches sont ensuite vernies lorsqu'elles sont tièdes ou à peine refroidies (surtout en hiver).

Les vernis sont versés dans un petit godet en verre, conique, portant un fil de laiton diamétralement tendu à la partie supérieure.

On emploie des pinceaux en putois, ours ou blaireau, de formes et de grosseurs appropriées à la dimension des pièces à vernir.

Le vernissage des grands unis s'exécute en étalant le vernis à grands traits avec un putois essoré, en allant de haut en bas et observant de ne pas repasser sur la partie déjà couverte et de ne pas croiser les coups de pinceau. — Éviter les bulles d'air, coulures sur épaisseurs et oubliettes (cuivre laissé nu). — Le vernissage des ciselés à reliefs multiples s'obtient en épongeant ou ressuyant au blaireau la pièce vernie au putois. Les deux pinceaux se tiennent de la même main, dans le même plan et perpendiculairement l'un à l'autre ; le putois est tenu comme un crayon, le blaireau à ressuyer est serré dans la paume de la main. Le vernisseur parcourt avec le putois une partie de la pièce, en décrivant une série d'ondes (en forme de C) se touchant entre elles ; puis, sans transition, ressuie en frappant vivement par coups normaux la pièce aux endroits où le vernis n'est pas sec. — La pièce vernie est séchée aussitôt à l'étuve ou sur un réchaud de poussier à combustion lente. — Ne pas dépasser 36° centigrades.

La pièce étant encore tiède, on réchampit les brunis. Au moyen du linge fin coiffant le bout du doigt, on prend du conservateur pour métaux. On passe le doigt sur les brunis en appuyant et, sans revenir sur sa trace, on enlève le premier vernis en y laissant du même coup le vernis à réchampir. — Éviter les coulures. — On peut aussi ressuyer les brunis à l'alcool au moyen du linge, puis passer le conservateur avec un pinceau pointu en martre.

Vernis à réchampir : 1° incolore pour métaux, n° 1 ; 2° incolore pour métaux, n° 2, plus brillant que le précédent ; 3° conservateur pour métaux (teinté) ; 4° mixtion or moulu teintée, plus brillante que le précédent.

Mélanges pour teintes. — Nécessités par les nuances à obtenir, la couleur du métal, le goût de l'acheteur.

Nº 1 : orange jaune, orange rouge, conservateur, parties égales. Siccatif, belle teinte d'or pour laitons, pièces de lustre, appliques, suspensions, etc., etc.

Nº 2 : or jaune ancien, or rouge ancien, mixtion, parties égales. Pose très facile, moins siccatif que le précédent. A tiédir au réchaud. Bronzes et grandes pièces d'ameublement.

Nº 3 : or jaune nouveau, or rouge nouveau, conservateur nouveau, très siccatif, très dur, inattaquable aux huiles et essences, sèche de lui-même. Lampes à pétrole, chandeliers.

Le genre hollandais s'obtient en ajoutant au vernis à réchampir une petite proportion de vernis or ou orange.

La modification des nuances s'exécute avec les vernis suivants : jaune extra, or vert ; jaune double, or très jaune ; rouge extra, or très rouge.

Pour les laitons verdâtres, dans les mélanges 1 et 2 on introduira du rouge extra. — Sur cuivre rouge, on remplacera l'orange rouge ou l'or rouge par le jaune double ou le jaune extra. — Sur métaux blancs (argent, nickel, maillechort) l'imitation de dorure s'obtient avec l'or jaune contenant du jaune extra.

L'imitation de dorure anglaise peut

s'obtenir par un mélange de vernis épais : capucine jaune, 4 parties en volume ; capucine rouge, 5 parties en volume ; florentin jaune, 1 partie en volume.

La couche de vernis déposée sur le métal lui donne un brillant vitreux et factice supportant sans s'altérer un léger lessivage.

On préfère aujourd'hui employer les vernis optiques à chaud.

L'éclaircissage des vernis ne peut s'exécuter qu'avec de l'alcool fort (36° Cartier, 90 centésimaux). Une pièce, devenue terne après vernissage, doit être lessivée et revernie. — On peut parfois sauver un tel cuivre en étalant rapidement une couche de conservateur.

Le vernissage exige une grande propreté et beaucoup de soins.

2° **Genre or mat (bois doré).** — Les cuivres que l'on veut vernir pour imiter l'or mat subissent préalablement la série des opérations du décapage :

1° *Recuisson ou dégraissage ;*
2° *Dérochage ;*
3° *Passé à l'eau-forte ;*
4° *Passage au bain de mat.*

Les cuivres sortant des eaux-fortes, lavés ensuite à grande eau, sont plongés dans le bain suivant refroidi :

On fait dissoudre un morceau de zinc de 1.000 grammes dans un liquide formé de :

Acide nitrique à 36° B
  (eau-forte) . . . . . 2.000 grammes
Acide sulfurique à 66° B
  (huile de vitriol) . . . 2.000 grammes
Suie . . . . 2 fortes poignées .

Le mat se prononce en raison de la durée de l'immersion variant de 5 à 15 minutes. Si le bain charge trop, on ajoute du vitriol ; sinon on l'additionne d'eau-forte. — Les vieux bains sont les meilleurs ; il est alors nécessaire de les chauffer au bain-marie.

Les pièces matées sont lavées au sortir du bain ; si le mat est suffisant, on les passe à la sciure ; sinon on replace au bain. — Les hauteurs sont ensuite traitées au brunissoir ; puis on procède au vernissage.

On vernit le cuivre estampé passé au mat avec les vernis spéciaux du genre or mat. Ce sont : *or jaune, or rouge, bouton d'or, mixtion* (incolore pour couper).

On ne coupe ces vernis qu'avec de l'alcool fort (36° Cartier, 90 centésimaux). — On pose le vernis légèrement coupé, avec un putois rond, à bout carré. La pièce est tiédie, puis vernie aussitôt. — La précaution de chauffer un peu la pièce à vernir est surtout utile si le temps est humide ou froid, afin d'éviter que le vernis perle sur le métal couvert de la buée des ateliers.

IMITATION DE BRONZE

1° Préparations préliminaires. — Le métal (cuivre, bronze, laiton) subit les opérations du décapage : 1° dégraissage ou recuisson ; 2° dérochage, lavage : 3° passage à l'eau-forte vive, lavage.

Pour certaines patines brutes (statues vert-de-grisées), on s'arrête à l'opération n° 3, sèche la pièce et on met en patine. Pour les patines légères, polies (Florentine Médaille), on continue : 4° passage au bain de blanchiment ou à brillanter, lavage, séchage.

2° Patine vert antique. — On tire à clair le dessus de la sauce à bronze vert antique et mouille complètement la pièce avec un pinceau en soies. On frotte ensuite vigoureusement la pièce en tous sens du bout des soies et émoustille la solution épaissie, sèche le cuivre à la brosse et l'abandonne vingt-quatre heures. On donne une deuxième couche, en employant le dépôt de la sauce. On ressuie les reliefs ou hauteurs de la pièce en les frottant avec une bande de drap ou une peau de gant qu'on saupoudre de ponce pulvérisée, humectée d'eau pure. On termine en estompant au gratte-bosse au chef-d'œuvre les hauts reliefs de l'objet ; lave, essuie au linge fin et sèche à l'étuve.

Le fini de la patine est donné à l'aide du vernis imitation de bronze vert antique, qu'on applique uniformément comme les vernis imitation de dorure (voir page 326). — Pose au putois et au blaireau ; on ressuie les inégalités de la couche, veille à ne pas faire de coulages dans les creux et sèche à l'étuve.

3° **Patine vert-de-gris.** — On pose la première couche avec le liquide clair de la sauce à bronzer vert-de-gris et laisse le vert se sécher seul, sans brosser. Au bout de vingt-quatre heures, on applique légèrement la sauce agitée, en évitant de laver la pièce, sèche à la brosse, laisse dans les creux la mousse verdâtre accumulée, enlève à la brosse rude les parties poudreuses sans adhérence et continue comme pour la patine vert antique.

4° **Patine Florentine.** — Réservée aux cuivres rosettes ou aux laitons cuivrés galvaniquement.

On prépare le bain suivant :

Sulfhydrate de potasse.   .   .   50 gr.
Eau commune.   .   .   .   .   .   . 1 000 gr.

Ou préférablement le mélange :

Sulfhydrate d'ammoniaque   . ⎫
Ammoniaque ordinaire.   .   . ⎬ parties égales
                              ⎭

Eau, quantité variable selon la force du bain.

On plonge le cuivre dans ce bain ; il noircit, lave à l'eau pure, sèche ensuite. Si la couche n'est pas assez foncée, on repasse au bain.

On ressuie les hauteurs à la ponce, ou les récure au sablon ; le cuivre est mis à nu, on repasse alors pendant une ou deux secondes dans le bain sulfureux affaibli par une addition d'eau, gratte-bosse au chef-d'œuvre, sèche et vernit avec l'imitation de bronze florentin selon la méthode indiquée au n° 2.

5° **Patine Médaille.** — Le métal décapé complètement est passé aux bains précédents affaiblis par addition d'eau. On y laisse l'objet jusqu'à ce que la teinte noire ait acquis le ton désiré. On rince à l'eau chaude pour faire monter la teinte sur les parties récurées ; gratte-bosse au chef-d'œuvre, sec. On vernit ensuite avec l'imitation de bronze médaille, comme il est indiqué au n° 2.

6° Patines fumées. — Les pièces préparées comme on a vu aux n°ˢ 2, 3, 4, 5, mais non vernies, sont passées à la fumée d'un réchaud alimenté avec des mottes. Après complet refroidissement, on procède au vernissage comme il a été dit précédemment.

7° Patines fantaisie. — 1° Patines médailles sur laiton : bronze fonds noirs genre fumée ; bronze anglais.

Pour le bronze fonds noirs, le laiton est traité comme au n° 4, seul le vernis diffère ; on emploie l'orange jaune or moulu éclairci à l'alcool. Après séchage à l'étuve, on repasse sur les hauteurs une deuxième couche de vernis pur.

Pour le bronze anglais, le laiton traité comme au n° 5 est verni avec l'imitation de bronze anglais.

2° Le bronze chêne se prépare, comme le florentin, en vernissant avec l'or jaune, or moulu étendu d'alcool.

3° Les bronzes mordorés s'obtiennent comme le bronze anglais, en vernissant avec l'orange rouge ou le rouge extra.

VERNIS A L'ALCOOL POUR MÉTAUX.

1º **Vernis pour paillons.** — La pose des vernis pour paillons d'étain, d'argent ou de cuivre, s'effectue au pinceau d'ours ou de putois. On opère rapidement la pose du vernis, sans repasser sur sa trace ; dès que le voile apparaît, le vernis est coagulé, il n'y faut plus toucher. La feuille métallique étant fixée sur un pupitre en bois dur poncé ou sur une glace inclinée, on prend un putois de la largeur de la feuille et vernit avec le moins de liquide possible. On fluidifie le vernis épaissi par une addition d'alcool fort (38 à 40° Cartier, 92 ou 95 centésimaux) pouvant aller à 10 % sans exagérer la dose. On vernit à froid, puis la feuille terminée est aussitôt mise sur une boîte à eau chaude à 60° (chaleur piquante à la main). Cette boîte a la largeur de deux ou trois feuilles, qu'on y porte successivement et qu'on remplace une à une à mesure qu'on vernit.

Les feuilles ainsi chauffées acquièrent plus de brillant, et le vernis ne colle plus lorsqu'on les expédie en piles. Avant de les empiler, on doit les laisser un jour et une nuit à l'air, puis on les ébarbe pour enlever les bords mal vernis, les gouttes épaisses dont le séchage est imparfait. Un vernis posé trop épais exige une durée de dessiccation quadruple pour une épaisseur double de l'ordinaire. On doit avoir autant de pinceaux que de couleurs de vernis paillons, à cause de la difficulté du nettoyage des pinceaux dont on entretient la souplesse des soies par des lavages à l'alcool. Les godets en usage ont la largeur du pinceau et présentent un fond concave pour permettre la vidange complète ; une lame de fer blanc mobile sur charnières est suspendue à la partie supérieure et permet l'égouttage du putois.

Les moirés métalliques, obtenus en décapant les fers-blancs au bain suivant, se vernissent de la même façon avec des teintes pâles obtenues en coupant les vernis paillons avec de l'incolore paillon.

Acide sulfurique . . . . 1 partie
Eau . . . . 7 à 9 parties

2° **Vernis pour capsules, tubes d'étain.** — Ces vernis se posent au tour à pédales ou mécanique. Le tube d'étain est entré à frottement doux sur un mandrin légèrement conique, poli, adapté à une des extrémités de l'arbre horizontal d'un petit tour. On met la pièce en mouvement et amène tangentiellement une mâchoire à mordaches en drap saupoudrées de blanc d'Espagne pulvérisé. Le tube s'échauffe en se décapant ; on vernit alors sans transition, de façon que, l'alcool s'évaporant, le vernis se coagule et les coulures sont évitées.

Les tubes vernis sont placés dans de vastes étuves ou chambres bien aérées, où s'opère le séchage sur des tablettes portant de petites potences pour y enfiler les tubes. Après quarante-huit heures, on peut sans crainte empiler les capsules les unes dans les autres ; par mesure de prudence, on interpose une bande de papier.

3° **Vernis pour souples** — Collection spéciale de vernis, créée pour substituer aux vernis gras, lents à sécher (étuves spéciales) et incolores, les vernis à l'alcool, très siccatifs et d'éclatantes nuances. Les feuilles de fer blanc étain ou laiton, décapées préalablement, sont ensuite vernies comme s'il s'agissait de paillons. On fait ensuite sécher à l'étuve pendant au moins quarante-huit heures. La feuille est alors prête à subir les opérations ultérieures d'emboutissage, découpage, pliage, qui permettront l'obtention des objets désirés. Le poinçon et la matrice de l'emboutisseuse doivent être absolument polis pour éviter les rayures du vernis. On peut obtenir ainsi des boîtes embouties à angles droits ou aigus. Ces vernis qui ne poissent jamais trouvent surtout leur débouché dans l'industrie des boîtes de conserves.

VERNIS POUR OPTIQUE, HORLOGERIE, INSTRUMENTS DE PRÉCISION

1° Pose à chaud. — Le métal à vernir étant parfaitement propre et sec, on le chauffe soit à l'étuve, soit plus simplement au-dessus d'un réchaud à alcool jusqu'à la température + 60° (piquant à la main), en évitant d'arriver à l'ébullition du vernis (+ 75°). Le vernis, disposé dans un godet, avec fil diamétral pour ressuyer les putois, est étendu très rapidement, à grands traits en tournant vivement la pièce en tous sens. On laisse sécher à l'étuve pendant un quart d'heure, puis repasse une seconde couche avec les mêmes précautions.

Les vernis pour optique s'emploient à plusieurs couches (2 à 10 ou même 15) selon le degré de solidité désiré pour le vernis et le prix de l'instrument.

Pour les grandes pièces unies (plaques de harpes), très difficiles à vernir uniformément, il convient d'employer un vernis peu coloré comme l'optique à chaud n° 1 ; et au besoin on peut le couper avec de l'alcool fort, 95° centésimaux.

Pour les pièces au tour (tubes de lunettes et télescopes, cylindres de machines électriques, instruments de précision, etc.), plus faciles à vernir, et pour lesquelles il n'y a plus à craindre les traînées foncées laissées par le pinceau comme précédemment, on emploie en général l'optique à chaud n° 2 dont la teinte légèrement verdâtre est très appréciée.

Enfin l'optique à chaud n° 3 est réservé pour les réveille-matin ; on emploie également pour ces pièces d'horlogerie le vernis bronze anglais.

L'optique à chaud blanc convient pour l'argenture, l'acier et les métaux blancs ; on l'emploie aussi lorsqu'on veut laisser aux instruments de précision le ton naturel du laiton ou du bronze, très employé par certains constructeurs anglais d'instruments d'astronomie.

L'imitation de dorure anglaise s'obtient en vernissant les laitons préparés aux décapage, polissage et brunissage, ainsi qu'il est indiqué pages 326 et 327 avec les mélanges suivants :

A. Optique or jaune, 1 partie ; optique or rouge, 1 partie ; optique blanc, 1 partie.

B. Optique or jaune (3 — 5) C, 1 partie ; optique or rouge (3 — 5) C, 1 partie.

Le mélange *A* s'emploie pour l'obtention de la dorure à une seule couche ; l'optique blanc peut être remplacé par l'optique n° 1. Le mélange *B* sert à obtenir une dorure très résistante à trois ou cinq couches de vernis ; on laisse sécher chaque couche avant la repasse du vernis. Les objets à dorer sont placés dans une étuve au gaz chauffée à + 60° environ ; on vernit vivement au putois à grands traits. — Le mélange *A* sert pour dorer les objets non soumis à des frottements énergiques, comme pièces de lustre, galeries d'ameublement. — Le mélange *B*, au contraire, est employé pour lits en cuivre doré, gardes-feu, crémones et espagnolettes de fenêtre ; la dorure résiste alors à l'époussetage quotidien sans se rayer, à l'huile, et supporte même un léger lessivage alcalin. Très recommandé. — Lorsqu'on a à vernir des tubes de laiton, on peut les chauffer en les traversant par un courant de gaz chaud ou de vapeur d'eau ; l'ouvrier n'est plus incommodé par le voisinage du foyer de l'étuve.

2° Pose à froid. — Se posent comme les vernis ordinaires pour métaux à une seule

couche — mêmes précautions (voir p. 337).
— Opérer également en ateliers chauffés
en hiver, de façon que les pièces soient à
20 ou 25°. La précaution de tiédir vers 40°
la pièce vernie immédiatement après la
pose est nécessaire, le vernis prend alors
tout son brillant et son adhérence. Si l'on
attendait au lendemain, il faudrait tiédir à
50° au moins ; quelques instants de chauffe
suffisent. Les mêmes vernis existent dans
cette série comme dans la précédente ;
mêmes nuances, à l'exception des vernis
pour dorure anglaise. Le noir japonais est
très employé pour jumelles ; très dur, très
adhérent, ne se grave pas sous l'action des
frottements. Tiédi après la pose vers 40°, il
résiste même à l'action d'une lessive légère
alcaline.

VERNIS ÉMAUX A FROID

1° **Emaux opaques.** — Ces vernis permettent l'imitation parfaite des émaux au
feu. — Très épais, ils se prêtent à la pose
sous épaisseur ou par perles. A cet effet,
on coule le vernis sur la surface à couvrir,
en ayant soin de le diriger à l'aide d'un
stylet en os ou d'un tuyau de plume d'oie
effilé. On peut ainsi former une épaisseur

de 1 millimètre environ. On laisse sécher à l'abri de la poussière et des courants d'air, afin d'éviter les rides qui se produiraient à la surface. Ce séchage à l'étuve (25° centigrades) est, d'ailleurs, très lent et exige plusieurs jours. Les émaux posés en épaisseur craignent l'humidité et les pressions tant qu'ils ne sont pas absolument secs et durs. — Méthode appliquée pour travaux de reliure, émaux cloisonnés, productions artistiques (fleurs, aquarelles, etc.), imitation de pierres naturelles, etc.

Lorsqu'il s'agit d'émailler des surfaces continues, on vernit au putois avec le mélange suivant : émail opaque et blanc n° 3, par parties égales ; on étale ce vernis uniformément sur l'objet, laisse à l'étuve pendant quelques heures, repasse une deuxième couche s'il y a lieu, et sèche à nouveau. — Procédé rapide, employé par les émailleurs en bronze, fabricants de bimbeloterie, etc. Ainsi posés, les émaux opaques supportent la gravure au burin, la dorure à la feuille, etc. Ces vernis peuvent se poser sur les métaux précieux ; nickel, aluminium, métal anglais ; sur le cuir, bois, carton, etc. Le cuivre nu et le fer font exception. Si l'on veut poser des émaux sur ces métaux, on doit dorer préalablement le cuivre, ou simplement les vernir au moyen de leurs conservateurs respectifs. On passe à l'étuve à 37° centigrades pour sécher complètement le vernis, puis pose l'émail selon la méthode ordinaire.

Les émaux opaques peuvent être allégés à l'alcool fort et sont mélangeables entre eux.

Le blanc opaque sert à diminuer la hauteur de ton des émaux colorés.

2° **Emaux transparents.** — Imitation des principales gemmes précieuses ; employés presque exclusivement sous épaisseur ; leur pose s'exécute par coulage lent et méthodique du vernis sur la surface à couvrir, légèrement inclinée sur l'horizon. Le séchage à l'étuve à 25°, très lent, demande à être prudemment conduit pour éviter les gerces ou simplement les ondulations de la surface. Ne jamais poser une deuxième couche sans s'assurer que la première est complètement sèche. On diminue la hauteur de ton de ces vernis par une addition de blanc n° 3.

Peuvent se poser sur tous métaux, verre, bois, carton, etc. Leur principal emploi consiste dans l'imitation des meubles laqués (Martin) et dans l'ornementation des bronzes d'église.

MODE D'EMPLOI DU VERNIS ZAPON.

Le vernis zapon s'emploie maintenant dans de nombreux ateliers.

Pour réussir l'application de ce vernis, il est absolument nécessaire d'opérer dans un endroit sec, complètement à l'abri des poussières, des courants d'air, des émanations de produits chimiques et des trépidations.

L'objet après avoir été poli ou maté doit être attaché aux deux extrémités à l'aide d'un fil de laiton fin, et ensuite nettoyé et dégraissé comme s'il s'agissait de le passer aux bains galvaniques ; ainsi nettoyé, il ne doit plus être touché avec les doigts avant son immersion dans le vernis.

Le prenant ensuite par le fil d'attache, on le plonge doucement dans le vernis où on le laisse jusqu'à disparition complète des bulles d'air qui se forment à sa surface ; si quelques-unes de celles-ci tardent à disparaître, il faut les crever, car elles marqueraient sur la surface.

On retire l'objet et on le laisse égoutter quelques instants en le suspendant et en le retournant plusieurs fois de manière que la goutte finale se trouve dirigée vers un point peu en vue.

On le porte enfin dans un séchoir chauffé à 30° où on laisse séjourner jusqu'à évaporation complète du dissolvant.

En hiver et par les temps humides, il est prudent de faire tiédir légèrement les pièces avant de les plonger dans le vernis.

Consistance du Vernis. — Plus la couche zapon est épaisse, mieux elle garantit le métal et quand la marchandise en vaut la peine, on fera bien d'y appliquer le vernis assez épais pour que la goutte ne se résolve pas d'elle-même et qu'il faille l'enlever.

Cette consistance épaisse est nécessaire pour les grandes surfaces unies, si l'on veut éviter les irisations.

Quand on vise au bon marché du vernissage, on applique le zapon aussi mince que possible en l'étendant au moyen du liquide à diluer qu'on emploie également quand par l'évaporation ce vernis vient à épaissir.

TABLE DES MATIÈRES

PREMIÈRE PARTIE

POLISSAGE

OUTILLAGE

I. *Machines à meuler.*

II. *Tours et tourets à polir.*

IV. *Produits servant au polissage.*

DEUXIÈME PARTIE

DÉPOTS GALVANIQUES

Électricité, agencement des ateliers, etc...

Pages.

XV. *Installation des bains de nickel.*

XVI. *Préparation des pièces.*

XVII. *Composition des bains.*

XVIII. *Dénickelage et renickelage* 224

XIX. *Inconvénients qui se présentent dans les bains de nickel* 228

XX. *Différents procédés de nickelage.*

XXI. *Laitonisage.*

XXII. *Dorure.*

XXIII. *Argenture et dépôts divers.*

XXIV. *Galvanoplastie de cuivre. Moulage Métallisation, Reproductions.*

XXV. *Patines chimiques. — Coloration et décoration des métaux.*

Vannes. — Imprimerie LAFOLYE, frères.

BIBLIOTHEQUE NATIONALE DE FRANCE
3 7502 0 4924 32 0